NEW 뉴 어른들을 위한 너무 쉬운
블로그 + 트위터 + 페이스북

new
뉴
어른들을 위한 너무 쉬운
블로그◦트위터◦페이스북

NEW 뉴 어른들을 위한 너무 쉬운
블로그+트위터+페이스북

NEW
뉴

어른들을 위한 너무 쉬운

블로그 + 트위터 + 페이스북

NEW 뉴

어른들을 위한 너무 쉬운

블로그+
트위터+
페이스북

저자 전 진 수

약력

- 시흥시 평생학습기관 SNS, 쇼핑몰창업 강의
- 여성인력개발센터 쇼핑몰 창업 강의
- 숭실대학교 멀티미디어 강의
- 시흥시 노인복지관 SNS 강의
- 소상공진흥원 창업 강의
- 중소기업청 창업 강의
- 11번가 쇼핑몰 창업 강의
- 중앙대, 인천대 등 다수의 학교와 기관에서 창업 강의
- 공무원연수원 프레젠테이션 강의

저서

- 『cafe24로 대박쇼핑몰 만들기』
- 『cafe24 쇼핑몰 창업 후 운영기법』
- 『cafe24 디자인뱅크를 활용한 쇼핑몰 디자인하기』
- 『쉽게 배워 폼나게 활용하는 쇼핑몰 창업하기』
- 『초보 창업자가 꼭 봐야하는 쇼핑몰 마케팅』
- 『제로보드 XE로 홈페이지&쇼핑몰 만들기』
- 『전자상거래 실무』
- 『디카 유티리리티』
- 『멀티미디어 파워포인트』
- 『제로보드4로 홈페이지&쇼핑몰 만들기』

초판 인쇄일 _ 2011년 11월 11일
초판 발행일 _ 2011년 11월 18일
초판 4쇄 발행일 _ 2014년 2월 17일

지은이 _ 전진수
본문편집 _ 박혜경, 송유선
표지디자인 _ 안홍준
영업마케팅 _ 김남권, 황대일, 서지영
ISBN _ 978-89-8379-703-2
정가 _ 12,000원

발행인 _ 박정모
발행처 _ 도서출판 혜지원
주소 _ (130-844)서울시 동대문구 천호대로 81길 23(장안 1동 420-3)
전화 _ 02)2212-1227 **팩스** _ 02)2247-1227
홈페이지 _ www.hyejiwon.co.kr

NEW 뉴

어른들을 위한 너무 쉬운

블로그 +
트위터 +
페이스북

전진수 지음

혜지원

배움에는 끝이 없다는 것을 요즘 실감하고 있습니다.

강의를 하며 강단에 서 있지만 공부를 하러 오신 수강생을 통해 더 많은 것을 배우게 됩니다. 강의 중에 받는 질문이나 쉬는 시간에 잠깐 나누는 대화에서도 많은 것이 느껴지고 그로 인해 제가 더욱 성숙해지는 것은 아닌가라는 생각을 하게 됩니다.

이번 책을 준비하며 '이 책을 보시는 분들이 인터넷을 통해 보고 싶은 것을 마음껏 볼 수 있고, 가고 싶은 곳을 가고, 듣고 싶은 것을 자유롭게 들을 수 있으면 좋겠다'라는 마음을 갖게 되었습니다. 그래서 어떻게 하면 쉽고 빠르게 실현할 수 있을까를 염두에 두며 이 책을 집필했습니다.

블로그를 만들며 행복한 집을 짓고 있다는 생각이 들었으면 좋겠습니다.

'나의 블로그에 많은 사람들이 방문하여 나의 사진과 글을 보며 많은 영감을 얻기도 하고 휴식을 갖고 음악도 들으며 행복한 시간을 보내다 갔으면 좋겠다'라는 마음으로 블로그를 개설했으면 좋겠습니다.

그리고 트위터나 페이스북을 통해 전 세계의 친구들과 즐거움도 나누고 힘든 일이 있을 땐 편안하게 이야기 나눌 수 있다면 정말 좋겠습니다.

그렇지만 모든 일이 그렇듯 인지와 습득의 단계를 거치지 못하면 반사적으로 행동이 나오지 않는 것처럼 블로그, 트위터, 페이스북 모두 좋은 공간이고 만들기는 그렇게 어렵지 않지만 어느 정도의 익숙해지는 시간이 필요합니다. 그 시간이 지난 후에 꾸준한 노력이 들어가면 편안한 마음으로 받아들일 수 있는 단계가 됩니다.

이 책이 컴퓨터 공부의 임계점을 마련하는 계기가 되었으면 좋겠습니다.
그동안 배우면서 익히셨던 내용들을 기반으로 이 책이 실력을 향상하는 계기가 되고 그로 인해 컴퓨터를 더 많이 좋아하고 연구하고 싶은 마음이 들었으면 하는 바람입니다.

이 책이 나오기까지 많은 도움을 주신 도서출판 혜지원 관계자 분들께 진심으로 감사를 드립니다.

저자 전진수 올림

각 챕터에서 배우게 될
따라하기 제목입니다.

따라하기 내용을
좀 더 세분화하여
설명합니다.

01 블로그 접속 및 프로필 꾸미기

블로그를 개설한 후에 가장 처음으로 꾸미는 곳은 프로필란입니다. 자신의 프로필을 멋지게 꾸미고
나면 내 블로그가 생성되었다는 것을 실감하게 됩니다.

01 다음 사이트 처음 화면의 메인 메뉴에서
[블로그] 메뉴를 클릭합니다.

그림을 보면서 쉽게
따라할 수 있도록
따라하기 과정을
설명합니다.

02 블로그 메인 화면에서 [내 블로그 가기]
버튼을 클릭합니다.

03 블로그에 접속된 것을 볼 수 있습니다. 블
로그의 처음 화면에서 프로필을 입력하기 위
해 관리자 이름 옆에 있는 [Edit] 메뉴를 클릭
합니다.

만약 블로그를 개설하면서 스킨을 선택했다
면 Edit 메뉴의 위치는 책에서와 다를 수 있습
니다.

스페셜 페이지에서는
본문 설명 외
알아야 할 내용을
설명합니다.

Special Page

HTML 모드에서 영상시 만들기

HTML 모드에서 내용입
글씨가 올라가는 영상시

```
(center)
(table width=500 height=400)
(td align=center background=
(marquee direction=up scrolle
(center)
(pre)

짧은 휴식 원대한 꿈


맘 같아서는
가까운 수목원이라도 가서
일도 건강도 조을 할 수 있는 짧
참 좋겠지만 그건 너무 원대한
과연 어떻게 제가 "제대로 살 수
일주일 내내 고민했습니다.


– 허아림의(사랑하다, 책을 펼

(/td)(/table)
(embed src="음악주소")loop=
```

04 내 정보 수정 화면에서 '별명'과 '소개'를
입력하고 프로필 이미지 항목에서 [찾아보기]
버튼을 클릭합니다.

> 별명은 인터넷에서 불리기를 바라는 이름입
> 니다. 따라서 인터넷 상에서 불러주었으면 바
> 라는 이름을 적거나 혹은 현재의 본명을 써도
> 상관은 없습니다.

05 원하는 프로필 이미지를 선택하고 [열기]
버튼을 클릭합니다.

> 프로필 이미지를 선택하는 기준은 가로
> 150px이 적합하며 용량 1mb 이내여야 합니
> 다. 이 용량을 넘으면 등록이 되지 않습니다.
> 그리고 등록할 수 있는 파일의 확장자는 jpg,
> gif, png, bmp입니다.

훈수 한마디

이미지 파일 용량 확인 및 용량 줄이기 방법

❶ 사진에서 [오른쪽 버튼] 클릭–
[속성] 메뉴를 클릭합니다.

이미지의 용량을 확인하는 방법은 해당 이미지에
서 마우스 오른쪽 버튼을 클릭한 후에 속성 메뉴를
클릭하면 이미지의 속성창이 나옵니다. 속성 항목
에서 [크기] 항목을 통해 이미지의 크기를 확인할
수 있습니다.

본문에서 추가적으로
필요한 내용을
설명합니다.

차 례
CONTENTS

P·A·R·T 01
나만의 블로그 시작하기

P·A·R·T 02
네이버 블로그 만들기

P·A·R·T 03 트위터 즐기기

P·A·R·T 04 페이스북 즐기기

Part 01

나만의 블로그

시작하기

블로그를 통해 세상과 이야기를 하고 있는 블러거들을 만나고 많은 블로그를 보며 나의 이야기를 담을 블로그를 구상해 봅니다. 현재 많은 사용자들이 사용하고 있는 포털사이트에서 제공하는 다음 블로그와 네이버 블로그 중 먼저 다음 블로그를 개설하는 과정에 대해 알아봅니다.

블로그
시작하기

다음 블로그와 네이버 블로그는 회원 아이디로 로그인하고 블로그 만들기 버튼만 클릭하면 누구나 손쉽게 블로그를 개설할 수 있습니다. 블로그 개설에 앞서 파워블로그에 접속하여 어떻게 하면 좋은 블로그를 만들 수 있을지를 먼저 구상해 봅니다.

01 블로그로 세상과 이야기하는 즐거운 인생

블로그(Blog)는 'Web(웹)'+ 'Log(기록)'의 합성어로 웹에 기록을 한다는 의미를 갖고 있습니다. 기존의 카페와 다른 점은 블로그는 운영자만 글을 쓸 수 있고 방문자는 댓글로 공감을 표현할 수 있다는 점입니다. 한 마디로 카페가 '모임'을 위한 공간이라면 블로그는 공개되어 있는 일기장과 같습니다. 그렇지만 많은 사람들과 공유하는 일기장이라고 볼 수 있습니다.

1. 행복이 가득 담겨있는 파워블로그 방문하기

• 2009 대한민국 블로그 어워드

▲ 2009년 블로그 어워드(http://blog.yes24.com/2009blogawards)

위 사이트에서 [수상자발표]를 클릭하여 대상을 수상한 〈김치군의 내 여행은 여전히 ~ing(http://www.kimchi39.com)〉 블로그에 방문해 보면 매일 즐거운 마음으로 포스팅하고 있다는 것을 느낄 수 있습니다. 블로그를 처음 시작하려고 한다면 한번 방문해서 블로깅(블로그를 하는 행위)의 즐거움을 공감해 보세요.

▲ 김치군의 내 여행은 여전히 ~ing(http://www.kimchi39.com)

• 2011 대한민국 블로그 어워드

▲ 2011년 블로그 어워드(http://blogawards.kr/)

2011 블로그 어워드 사이트에서 [개인부분 수상자발표]를 클릭해서 대상을 받은 〈아이엠피터의 소시어컬쳐 http://impeter.tistory.com〉를 방문해 보면 정치 시사에 대한 이야기를 쉽게 풀어가는 것을 볼 수 있습니다.

이제 우리도 2012년 블로그 어워드에 도전해 봐요.

2. 다음 블로그 만들기

포털사이트 '다음'에서 블로그를 만드는 방법을 알아보겠습니다. '다음' 회원 아이디만 있으면 누구나 블로그를 개설할 수 있으며, 공개하기를 원치 않을 경우는 비공개로 설정한 후에 운영해도 됩니다.

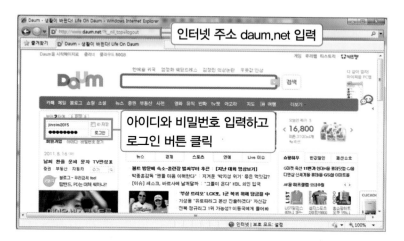

01 주소 표시줄에 'http://daum.net'을 입력하고 '다음' 홈페이지로 접속합니다. 그리고 '아이디'와 '비밀번호'를 입력하고 [로그인] 버튼을 클릭합니다.

다음 아이디는 5개까지 만들 수 있습니다. 아이디는 한 번 만들면 변경할 수 없으니 처음 만들 때 신중하게 결정해야 합니다. 만약 만들어둔 아이디 외에 다른 아이디를 사용하고 싶으면 탈퇴하고 다시 가입하거나 새로운 아이디를 하나 더 만들어서 병행하는 방법을 이용해야 합니다.

02 블로그를 만들기 위해 메인 메뉴에서 [블로그] 메뉴를 클릭합니다.

03 블로그 홈 화면에서 [블로그 만들기] 버튼을 클릭합니다.

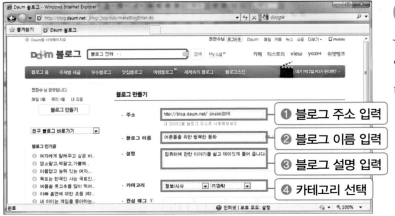

❶ 블로그 주소 입력
❷ 블로그 이름 입력
❸ 블로그 설명 입력
❹ 카테고리 선택

04 블로그 만들기 페이지에서 블로그의 기본 정보를 입력합니다. 기본적으로 '아이디'를 입력하고 '블로그 이름'과 '설명'을 입력한 후, 내 블로그가 속할 '카테고리'를 선택합니다.

지금 입력한 기본 정보는 블로그가 완성된 후에 관리자 페이지에서 수정이 가능합니다. 지금 완벽하게 만들면 좋지만 혹시 블로그 이름 등이 잘 떠오르지 않는다면 간단히 내용을 입력하고 관리자 페이지에서 좋은 생각이 떠오를 때 다시 수정해 주시면 됩니다.

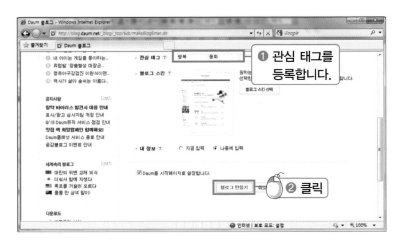

❶ 관심 태그를 등록합니다.
❷ 클릭

05 '관심 태그'를 등록하고 [블로그 만들기]를 클릭합니다. 블로그 스킨 선택은 지금 선택하지 않고 블로그를 개설한 후에 관리자 페이지에서 선택합니다.

관심태그는 내 블로그가 검색될 때 사용되는 태그(꼬리표)입니다. 예를 들어 여행 블로그를 만들고 싶다면 태그는 '여행' 또는 그와 관련된 단어가 될 것입니다. 단, 띄어쓰기는 등록이 안 됩니다.

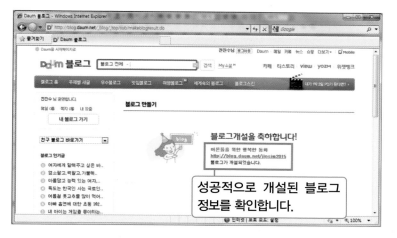

성공적으로 개설된 블로그
정보를 확인합니다.

06 기본 정보를 정상적으로 등록한 경우 아래와 같이 블로그 개설 축하 메시지가 나옵니다.

블로그 주소는 'http://blog.daum.net/사용자id'로 개설된 것을 볼 수 있습니다. 다른 사람에게 블로그 주소를 알려줄 때는 지금 만든 주소를 알려주면 해당 블로그로 접속이 됩니다.

파워블로그 살펴보기

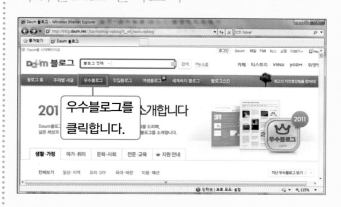

우수블로그를
클릭합니다.

다음 메인 화면에서 [블로그] 메뉴를 클릭하여 방문하면 우수블로그 메뉴가 따로 있습니다. 우수블로그 메뉴를 클릭하면 다음에서 운영하는 블로그 중에 우수블로그를 만나볼 수 있습니다. 우수블로그는 생활/가정, 여가/취미, 문화/사회, 전문/교육 등으로 나누어져 있으며 관심이 있는 분야를 보며 자신의 주제와 카테고리 등을 생각해 봅니다.

'루디아둥지' 블로그는 생활에서 누구나 따라할 수 있는 리폼 기술을 자세히 기록해 놓았습니다. 모든 작업 과정을 사진과 자세한 설명으로 알려주고 있습니다.

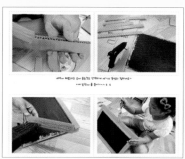

지금과 같이 다른 블로그도 방문하여 살펴보면서 각자의 블로그 주제와 메뉴 등을 설정해 봅니다.

블로그
관리하기

내 블로그의 관리는 '관리자 페이지'를 통해 할 수 있습니다. 다른 사람들이 내 블로그를 볼 때는 사용자 페이지를 이용하고, 내가 내 블로그를 꾸미기 위해 글을 쓰거나 모양을 바꿀 때는 관리자 페이지를 이용합니다.

01 프로필 꾸미기

블로그를 개설한 후에 가장 처음으로 꾸미는 곳은 프로필란입니다. 자신의 프로필을 멋지게 꾸미고 나면 내 블로그가 생성되었다는 것을 실감하게 됩니다.

01 다음 사이트 처음 화면의 메인 메뉴에서 [블로그] 메뉴를 클릭합니다.

02 블로그 메인 화면에서 [내 블로그 가기] 버튼을 클릭합니다.

03 블로그에 접속된 것을 볼 수 있습니다. 블로그의 처음 화면에서 프로필을 입력하기 위해 관리자 이름 옆에 있는 [Edit] 메뉴를 클릭합니다.

만약 블로그를 개설하면서 스킨을 선택했다면 Edit 메뉴의 위치는 책에서와 다를 수 있습니다.

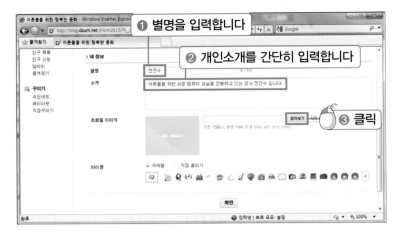

04 내 정보 수정 화면에서 '별명'과 '소개'를 입력하고 프로필 이미지 항목에서 [찾아보기] 버튼을 클릭합니다.

> 별명은 인터넷에서 불리기를 바라는 이름입니다. 따라서 인터넷상에서 불러주었으면 바라는 이름을 적거나 혹은 현재의 본명을 써도 상관은 없습니다.

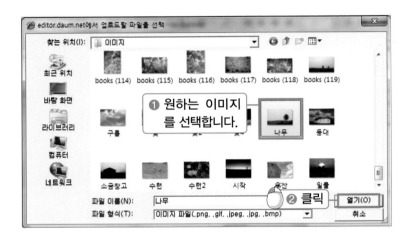

05 원하는 프로필 이미지를 선택하고 [열기] 버튼을 클릭합니다.

> 프로필 이미지를 선택하는 기준은 가로 150px이 적합하며 용량 1mb 이내여야 합니다. 이 용량을 넘으면 등록이 되지 않습니다. 등록할 수 있는 파일의 확장자는 jpg, gif, png, bmp입니다.

훈수 한마디

이미지 파일 용량 확인 및 이미지 용량 줄이기

이미지의 용량을 확인하는 방법은 해당 이미지에서 마우스 오른쪽 버튼을 클릭한 후에 속성 메뉴를 클릭하면 이미지의 속성창이 나옵니다. 속성 항목에서 [크기] 항목을 통해 이미지의 크기를 확인할 수 있습니다.

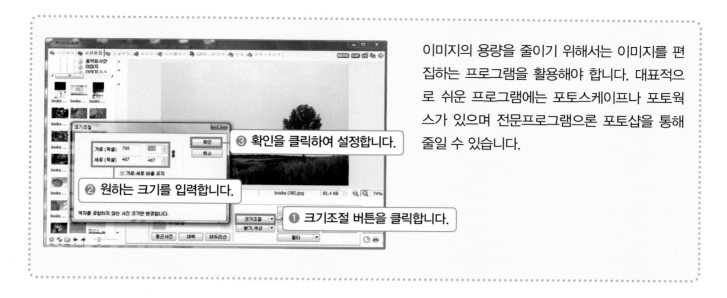

이미지의 용량을 줄이기 위해서는 이미지를 편집하는 프로그램을 활용해야 합니다. 대표적으로 쉬운 프로그램에는 포토스케이프나 포토웍스가 있으며 전문프로그램으론 포토샵을 통해 줄일 수 있습니다.

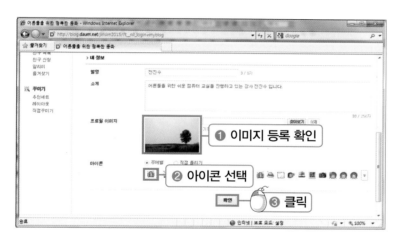

06 프로필 이미지가 등록된 것을 확인하고 마이콘을 선택한 후에 [확인] 버튼을 클릭합니다.

마이콘은 나의 기분 상태를 대신 나타내주는 아이콘입니다. 수시로 변경할 수 있습니다.

07 블로그 처음 화면으로 이동하기 위해 블로그 편집창 상단에 있는 블로그 제목을 클릭하면 블로그 프로필이 구성된 것을 볼 수 있습니다.

02 화면 설정 기능 살펴보기

블로그 화면 설정 기능은 블로그의 처음 페이지에 어떤 내용을 어떤 방법으로 보여줄지를 정하는 화면입니다. 운영자의 입장과 방문자의 입장을 고려하여 설정하면 됩니다.

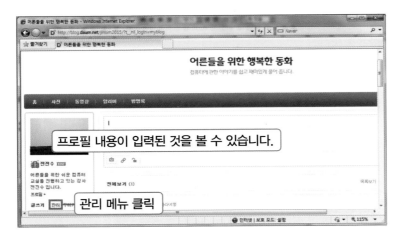

01 블로그 관리자 페이지로 접속하기 위해 블로그 처음 화면에서 [관리] 메뉴를 클릭합니다.

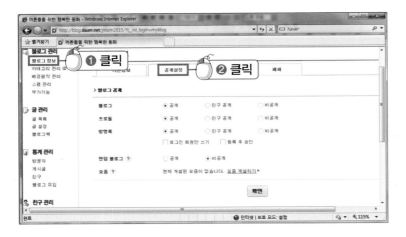

02 블로그 관리자 페이지의 [블로그 정보] 메뉴에서 [공개설정] 메뉴를 클릭합니다.

> 책을 따라서 공부하실 때는 모든 부분이 공개로 설정되어 있어야 책과 같이 진행이 됩니다. 앞으로 진행되는 친구 맺기 등의 과정에서 비공개로 되어 있을 경우 책과 다를 수 있습니다.

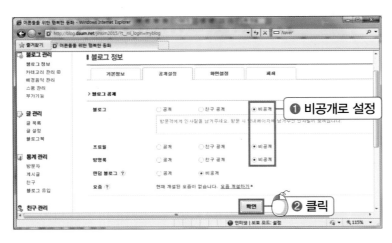

03 블로그를 비공개로 할 경우는 모두 비공개 메뉴를 선택하고 [확인] 버튼을 클릭합니다.

> 비공개로 설정하는 실습을 진행해 보았습니다. 다시 한 번 공개로 설정하는 실습을 진행해 보세요. 기본적으로 공개로 설정되어 있어야 책을 따라 실습하실 수 있습니다.

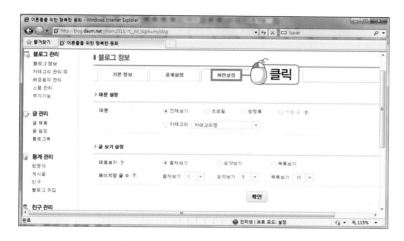

04 블로그 메인화면을 설정하기 위해 화면 설정 메뉴를 클릭합니다.

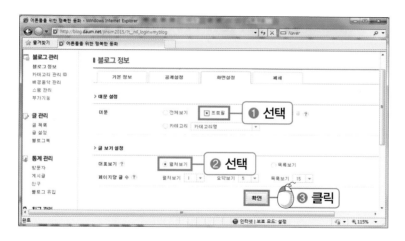

05 화면설정 항목에서 대문은 '프로필'로 설정하고 글 보기 설정은 '펼쳐보기'를 선택한 후에 [확인] 버튼을 클릭합니다.

06 블로그의 처음 화면에 접속해 보면 위에서 설정해 놓은 것처럼 프로필 화면을 블로그 방문자에게 가장 먼저 보여줍니다.

블로그 처음 화면을 프로필 화면으로 보여주는 모습

블로그 용어 정리

- **블로거(Bloger)** : 블로그를 만들고 운영하는 사람을 블로거라고 합니다.
- **블로깅(Blogging)** : 다른 블로그를 방문하거나, 블로그를 꾸미고 글을 쓰는 모든 활동을 블로깅이라고 합니다.
- **포스팅(Posting)** : 블로그에 글을 쓰는 것을 포스팅이라고 합니다.
- **블로고스피어(Blogosphere) / 메타블로그(Metablog)** : 전체 블로그의 집합을 표현하는 말입니다.
- **파비콘(Favicon)** : 인터넷 주소표시줄에 있는 인터넷 익스플로러 아이콘을 말합니다. 사용자가 원하는 아이콘으로 제작하여 변경이 가능합니다.
- **위젯(Widget)** : 하나의 응용프로그램이 실행되는 개체를 말합니다. 블로그에 달력을 달고 싶을 경우는 달력 위젯을 추가하고, 시계를 달고 싶을 경우는 시계 위젯을 추가하여 사용합니다.
- **태그(Tag)** : 주제별로 핵심이 되는 키워드로 만드는 꼬리말을 말합니다.
- **댓글(Comment)** : 글을 읽고 글에 대한 의견이나 이야기를 할 수 있는 짧은 글을 말합니다.
- **RSS(Really Simple Syndication)** : 블로그에 업데이트 된 자료를 사용자에게 자동으로 연결하여 쉽게 보여주는 서비스를 말합니다.
- **트랙백(Trackback)** : 기존의 댓글 방식이 아닌 나의 의견을 나의 블로그를 통해 다른 사람의 댓글로 보여줄 수 있는 기능을 말합니다.

03 Chapter

블로그 메뉴 만들기

블로그 메뉴는 2단 구성까지 가능합니다. 대분류를 하고 중분류까지 표현할 수 있으며 원하는 메뉴의 추가 및 삭제가 자유롭게 되어 있습니다.

블로그 메뉴를 구성하기 위해 명확한 주제가 먼저 필요합니다. 주제를 정한 경우는 같은 분야의 블로그에 접속하여 메뉴 구성 등을 보며 나의 블로그에 사용할 메뉴를 구성해 봅니다.

01 카테고리를 만들기 위해 블로그 관리 페이지에서 [카테고리 관리] 메뉴를 클릭합니다.

카테고리 만드는 실습을 할 때면 어떤 메뉴를 만들까 망설이는 경우가 많이 있습니다. 가장 좋은 방법은 다른 블로그를 참고하여 카테고리를 만들고 나중에 수정하는 방향으로 진행하는 것이 좋습니다. 책을 따라 실습하실 때는 책과 같은 내용을 입력해도 됩니다.

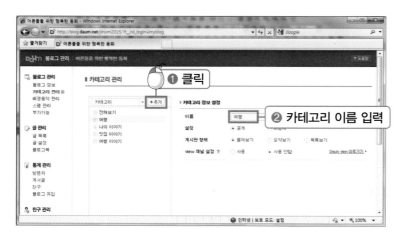

02 카테고리 항목에서 [추가] 메뉴를 클릭한 후에 카테고리 정보 설정 항목에서 '이름'을 입력합니다.

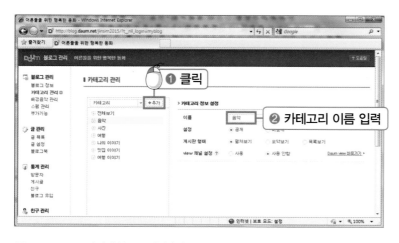

03 새로운 카테고리를 입력하기 위해 같은 방법으로 [추가] 버튼을 클릭하고 카테고리 이름을 입력합니다.

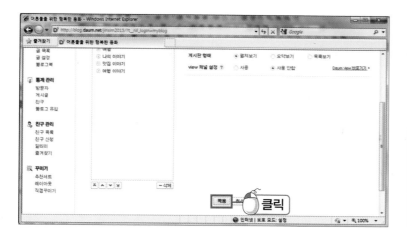

04 카테고리 등록을 완료한 경우 하단에 있는 [적용] 버튼을 클릭하여 완료합니다.

> 블로그 관리자 페이지에서는 메뉴를 하나 만들 때마다 적용버튼을 누르지 않아도 됩니다. 메뉴나 편집 구성이 모두 끝난 후에 한 번만 눌러 주시면 모든 내용이 적용됩니다.

02 그룹 기능으로 메뉴 완성하기

카테고리 메뉴의 그룹 기능은 해당 카테고리를 같은 범주로 묶을 수 있는 기능입니다. 카테고리가 많을 경우 범주별로 그룹을 만들면 더 편리하게 사용할 수 있습니다.

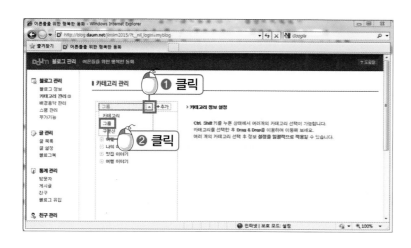

01 그룹을 만들기 위해 카테고리 목록 단추를 클릭한 후에 [그룹]을 선택합니다.

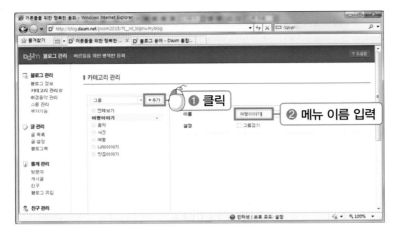

02 그룹 항목을 선택한 후에 [추가] 버튼을 클릭하면 나오는 그룹 정보 설정 화면에서 '이름'을 입력합니다.

> 그룹 기능은 블로그의 메뉴를 체계적으로 관리할 수 있도록 하는 기능입니다. 그렇지만 메뉴가 적을 때는 굳이 그룹 기능을 이용할 필요가 없습니다. 오히려 그룹이 필요 이상으로 많으면 방문자가 사용하기 불편할 수도 있기 때문입니다.

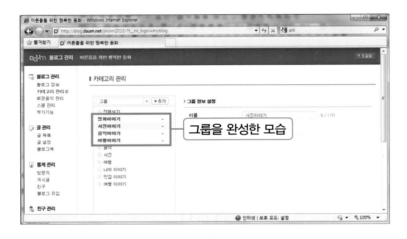

03 같은 방법으로 블로그에서 사용할 그룹을 만듭니다.

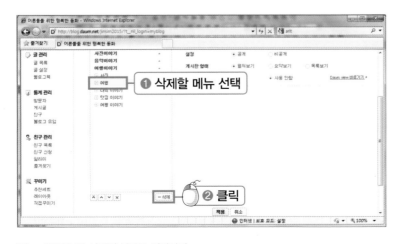

04 메뉴 중에 원하지 않는 메뉴가 있을 경우 선택하고 [삭제] 버튼을 클릭합니다.

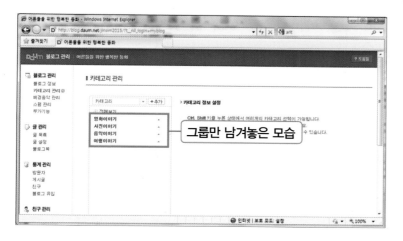

05 같은 방법으로 그룹만 남겨 놓고 나머지 메뉴는 모두 삭제합니다.

그룹만 남겨놓은 모습

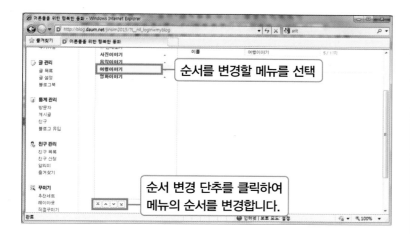

순서를 변경할 메뉴를 선택

순서 변경 단추를 클릭하여 메뉴의 순서를 변경합니다.

06 그룹이나 메뉴의 순서를 변경할 때는 메뉴를 선택한 후에 순서 변경 단추를 클릭하여 순서를 변경합니다.

> **⋏ 맨 위로** : 선택한 메뉴를 메뉴의 맨 위로 올려주는 버튼입니다.
>
> **⋀ 위로** : 선택한 메뉴를 한 단계씩 위로 올려주는 버튼입니다.
>
> **⋁ 아래로** : 선택한 메뉴를 한 단계씩 아래로 내려주는 버튼입니다.
>
> **⋎ 맨 아래로** : 선택한 메뉴를 맨 아래로 내려주는 버튼입니다.

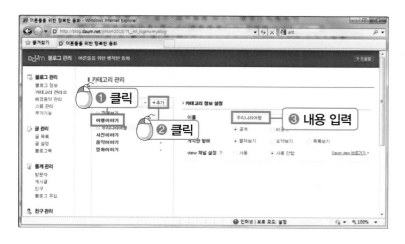

❶ 클릭

❷ 클릭

❸ 내용 입력

07 여행 그룹 밑에 메뉴를 추가하기 위해 [여행이야기] 메뉴를 선택한 후에 카테고리 [추가] 버튼을 클릭합니다. 그리고 카테고리 이름을 입력합니다.

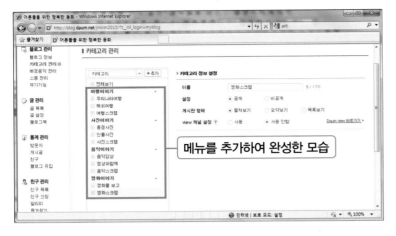

08 같은 방법으로 다른 메뉴들도 추가합니다.

현재 책과 같은 메뉴로 구성하였다면 조금씩 원하는 본인의 메뉴로 변경해 가야 합니다. 블로그가 온전히 내 공간처럼 느껴지기 위해서는 내가 담고 싶은 메뉴가 먼저 나와야 합니다. 그렇지만 너무 서둘지는 않아도 됩니다. 공부 과정 속에서 자연스럽게 메뉴가 떠오를 것입니다.

메뉴를 추가하여 완성한 모습

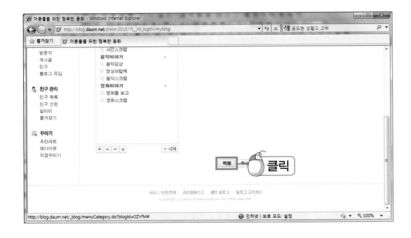

09 블로그 하단에 있는 [적용] 버튼을 클릭하여 메뉴 구성을 완료합니다.

클릭

훈수 한마디

메뉴에 특수 문자 사용하기

블로그 메뉴를 구성할 때나 글을 쓸 때 특수 문자를 입력하려면 키보드의 자음과 한자 키를 이용합니다.

예를 들어 ㅁ 키를 누르고 한자 키를 누르면 그림과 같은 특수문자표가 나옵니다. 그중 원하는 기호를 선택하면 특수 문자가 메뉴에 추가됩니다.

❶ ㅁ + 한자

❷ 원하는 특수기호 클릭

04 Chapter

블로그
배경음악 관리하기

블로그에서 제공해주는 배경음악 기능이 있습니다. 음악을 한 번 구매하면 구매한 음악은 블로그의 배경음악으로 사용할 수 있으며 블로그 배경음악 외에 메일, 카페 등 해당하는 사이트 내에서는 다양하게 활용할 수 있습니다.

01 좋아하는 음악 검색하여 구매하기

배경음악 관리 페이지에서 배경음악을 편집하고, 다음 뮤직 페이지에서 배경음악을 구매하여 추가하는 방법을 알아보겠습니다.

01 배경음악을 적용하기 위해 관리자 페이지에서 [배경음악 관리] 메뉴를 클릭합니다.

블로그 처음 화면에서 [관리] 메뉴를 클릭하면 관리자 페이지로 접속됩니다.

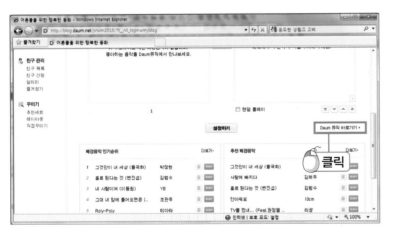

02 배경음악 관리 페이지에서 [Daum 뮤직 바로가기] 메뉴를 클릭합니다.

블로그를 만들면서 유일하게 비용이 들어가는 부분입니다. 배경음악을 구매하는 비용은 한 곡당 600원입니다.

03 Daum 뮤직 페이지에서 원하는 음악의 가수 또는 제목을 입력하고 [검색] 버튼을 클릭합니다.

04 검색한 음악이 검색 결과로 나타납니다. 원하는 음악인지 알기 위해 [미리듣기] 버튼을 클릭하여 미리듣기를 합니다.

> 미리듣기는 1분만 나옵니다. 가끔 음악이 잘 못되었다고 질문하시는 경우가 있는데요. 미 리듣기이기 때문에 조금만 나옵니다. 구매를 할 경우는 정상적으로 모두 나옵니다.

05 뮤직 플레이어 창을 통해 선택한 음악이 재생되는 것을 볼 수 있습니다.

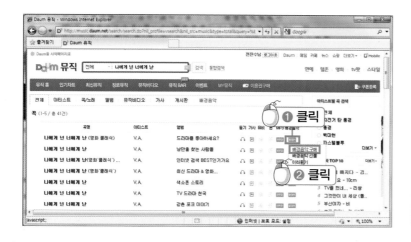

06 배경음악을 구매하기 위해 [BGM] 버튼을 클릭하고 [배경음악 구매] 메뉴를 클릭합니다.

> 가끔 실수하시는 항목입니다. BGM을 구매해 야 블로그에서 배경음악으로 사용할 수 있습 니다. MP3나 다른 파일 형식으로 구매하시 면 블로그에서 재생할 수 없으므로 주의해 주 세요.

07 결제 방식에서 [핸드폰 결제]를 선택하고 [구매하기] 버튼을 클릭합니다.

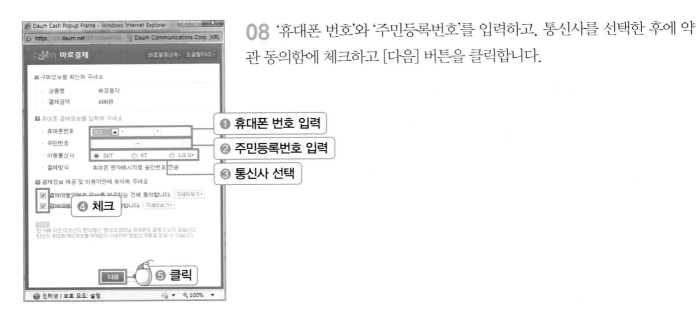

08 '휴대폰 번호'와 '주민등록번호'를 입력하고, 통신사를 선택한 후에 약관 동의함에 체크하고 [다음] 버튼을 클릭합니다.

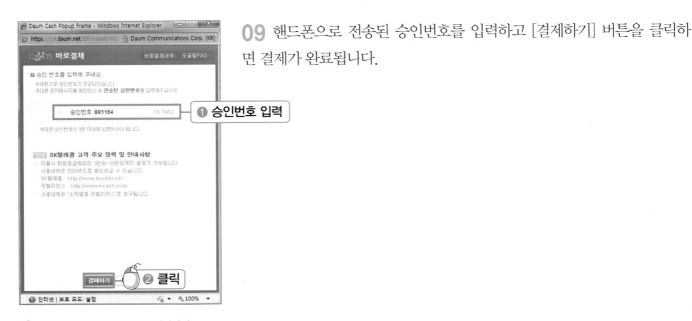

09 핸드폰으로 전송된 승인번호를 입력하고 [결제하기] 버튼을 클릭하면 결제가 완료됩니다.

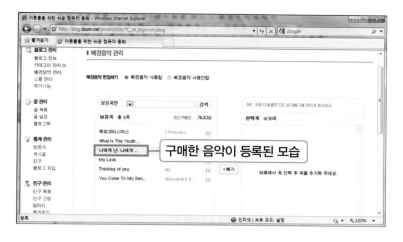

10 결제가 완료된 후에 블로그의 관리자 페이지에 접속하여 배경음악관리 메뉴를 클릭하면 구매한 음악이 나오는 것을 확인할 수 있습니다.

> 음악 구매 페이지에서 관리자 페이지로 바로 다시 오는 방법은 없습니다. 블로그 관리자 페이지에 접속하시고 배경음악 관리 메뉴를 클릭해 주세요.

02 배경음악 목록 편집하기

구매한 배경음악을 블로그에서 재생하는 방법과 재생을 원치 않는 음악을 빼는 방법, 재생순서를 변경하는 방법 등을 알아보겠습니다.

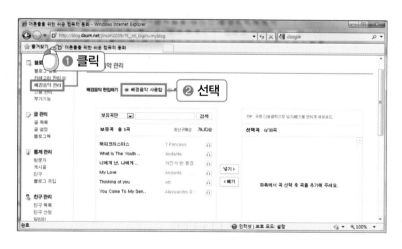

01 구매한 배경음악을 관리하기 위해 [배경음악 관리] 메뉴를 클릭합니다. 배경음악 편집하기 항목에서 [배경음악 사용함]에 체크합니다.

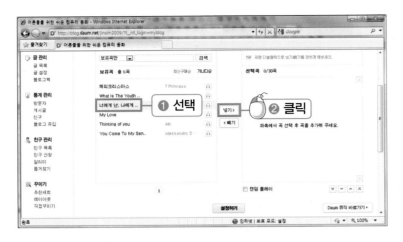

02 음악목록 창에 보유 음악 항목이 나타납니다. 블로그에서 재생을 원하는 음악을 선택하고 [넣기] 버튼을 클릭합니다.

03 선택곡 목록으로 넣은 음악이 들어가는 것을 볼 수 있습니다.

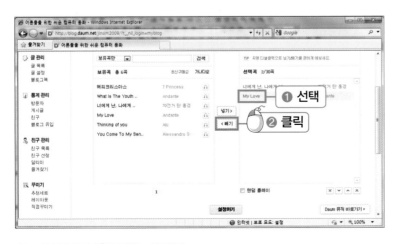

04 재생을 원치 않는 음악이 있을 경우는 재생목록 창에서 음악을 선택하고 [빼기] 버튼을 클릭합니다.

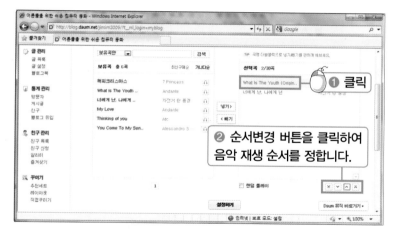

05 순서변경 버튼을 클릭하여 음악 재생 순서도 변경할 수 있습니다. 순서를 변경할 음악을 선택하고 순서변경 버튼을 클릭하여 재생 순서를 변경합니다.

- ⊼ **맨 위로** : 선택한 음악을 재생목록의 맨 위로 올려주는 버튼입니다.
- ⋀ **위로** : 선택한 음악을 한 단계씩 위로 올려주는 버튼입니다.
- ⋁ **아래로** : 선택한 음악을 한 단계씩 아래로 내려주는 버튼입니다.
- ⊻ **맨 아래로** : 선택한 음악을 맨 아래로 내려주는 버튼입니다.

06 랜덤 플레이 항목에 체크한 후에 [설정하기] 버튼을 클릭하여 음악재생 목록 편집을 완료합니다. 그리고 배경음악 설정 완료 메시지 창에서 [확인] 버튼을 클릭합니다.

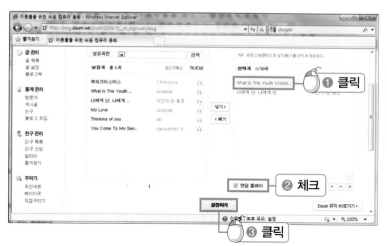

'랜덤 플레이'를 클릭하면 목록 순서대로 재생되는 것이 아니라 불규칙한 순서로 재생됩니다.

블로그에서 구매한 음악을 메일과 카페에도 올려보기

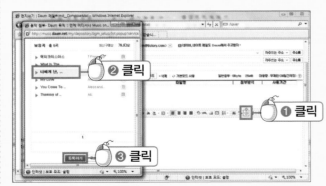

블로그에서 구매한 음악은 메일과 카페에서도 사용할 수 있습니다. 메일을 보낼 때 음악을 보내기 위해서는 음악추가 버튼을 클릭하고 음악 보유 목록창에서 원하는 음악을 선택한 후에 [등록하기] 버튼을 클릭합니다.

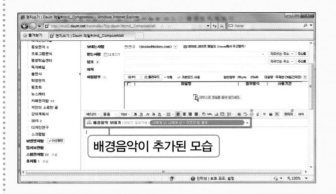

내용 입력창에 선택한 음악이 추가되는 것을 볼 수 있습니다. 메일 작성을 완료한 후에 메일을 보내면 음악이 재생되는 것을 볼 수 있습니다.

배경음악이 추가된 모습

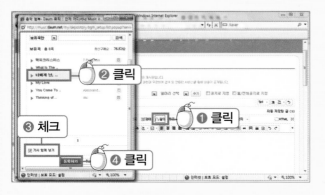

카페에서도 같은 방법으로 카페에 글을 쓰며 음악을 추가할 수 있습니다. 카페 글쓰기 화면에서 음악 추가 버튼을 클릭하고 음악 목록창에서 원하는 음악을 선택한 후 가사 함께 넣기에 체크하고 등록하기 버튼을 클릭합니다.

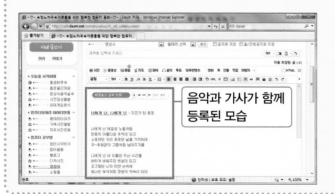

음악과 가사가 함께 등록된 모습

음악이 가사와 함께 등록된 것을 볼 수 있습니다.

O5 Chapter

블로그 꾸미기

블로그를 꾸미는 방법은 몇 가지가 있는데, 가장 편리한 방법은 추천세트로 꾸미는 것입니다. 전체적으로 구성되어 있는 세트 중에 원하는 것을 클릭하면 바로 디자인이 완성되는 형태입니다. 그 외에 세부적으로 설정할 수 있는 레이아웃과 직접 꾸미기 기능을 활용하면 원하는 형태의 블로그를 완성할 수 있습니다.

01 추천세트로 꾸미기

추천세트는 블로그 구성이 전체적으로 어울리게 만들어진 메뉴입니다. 다양한 디자인을 제공하고 있으며 사용자가 원하는 디자인을 선택만 하면 바로 적용할 수 있습니다.

01 블로그 관리 페이지 하단에 있는 [추천세트] 메뉴를 클릭합니다.

블로그를 디자인하는 가장 쉬운 방법입니다. 그렇지만 추천세트에만 의존하게 되면 독창적으로 블로그를 만들기 어려워지므로 처음에는 추천세트로 블로그를 운영하면서 조금씩 세부 메뉴를 변경하는 부분에 대해 관심을 갖는 것이 좋습니다.

02 추천세트 화면 이동에 대한 메시지 창에서 [확인] 버튼을 클릭합니다. 그리고 추천세트 중에 원하는 추천세트를 선택하고 [적용하기] 버튼을 클릭합니다.

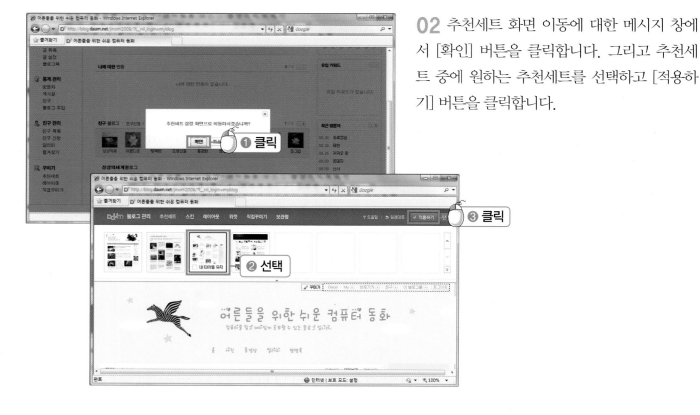

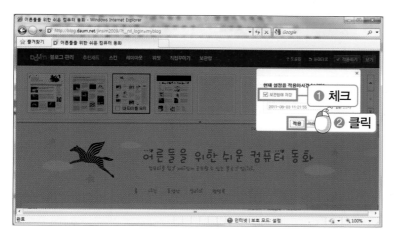

03 [적용하기] 버튼을 클릭하면 나오는 대화 상자에서 보관함에 저장 메뉴를 체크하고 [적용] 버튼을 클릭합니다.

> 보관함에 저장하는 습관을 갖는 것이 좋습니다. 디자인을 변경하려다가 마음에 들지 않아 이전 디자인으로 돌아가고 싶을 때 보관함에 저장을 하지 않았다면 되돌릴 수 있는 길이 없습니다. 보관함에 저장을 하면 몇 번이고 다시 돌아올 수 있습니다.

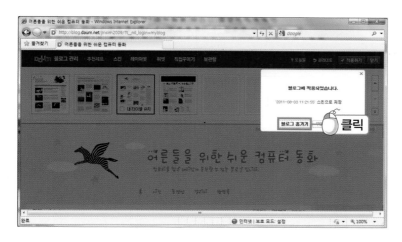

04 추천세트 적용 완료 메시지 창에서 [블로그 홈가기] 버튼을 클릭하여 추천세트가 정상적으로 적용되었는지 확인합니다.

05 선택한 추천세트가 적용된 것을 볼 수 있습니다.

02 레이아웃 구성하기

레이아웃은 블로그의 전체적인 틀 구성을 말합니다. 블로그의 레이아웃 구성은 크게 글보기, 단 구성, 사이드바 구성으로 나눠져 있습니다.

01 블로그 관리 페이지 하단에 있는 [레이아웃] 메뉴를 클릭합니다.

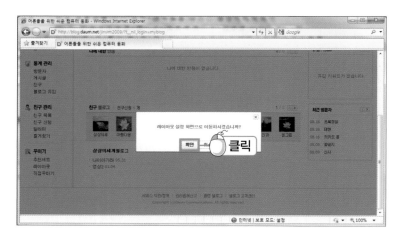

02 레이아웃 페이지 이동 메시지 창에서 [확인] 버튼을 클릭합니다.

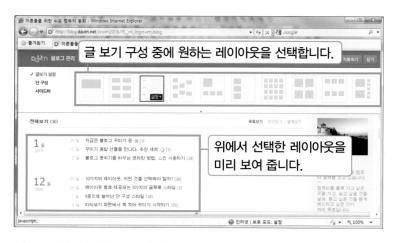

03 첫 번째로 나오는 글보기 설정은 블로그에서 글의 목록을 어떤 스타일로 보여줄 것인지를 정하는 화면입니다. 심플 다이어리를 선택해 보면 하단에 이미지는 나타나지 않고 제목 목록만 나오는 것을 볼 수 있습니다.

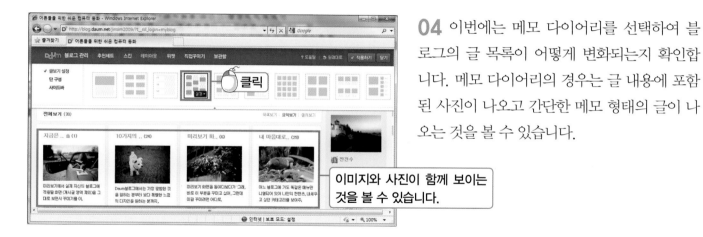

04 이번에는 메모 다이어리를 선택하여 블로그의 글 목록이 어떻게 변화되는지 확인합니다. 메모 다이어리의 경우는 글 내용에 포함된 사진이 나오고 간단한 메모 형태의 글이 나오는 것을 볼 수 있습니다.

> 이미지와 사진이 함께 보이는 것을 볼 수 있습니다.

요즘 사용자들은 글씨가 있는 것을 많이 좋아하지는 않습니다. 우선은 사진이 있어야 글에도 관심을 갖는 상황이 되었기에 레이아웃 등을 선택할 때 이미지와 함께 배열되는 형식을 선택하는 것도 좋은 방법입니다.

05 단 구성 메뉴를 클릭합니다. 단 구성은 화면을 몇 단으로 구분할 것이며 메뉴의 위치를 어디에 둘 것인지를 정하는 곳입니다. 인터넷 사용자에게 가장 익숙한 형태는 2단 사이드바 형태입니다. 단 구성 항목에서 2단 사이드바를 클릭하여 화면이 변화되는 것을 확인해 봅니다.

> 2단 사이드바 단구성을 미리 보여줍니다.

06 이번에는 2단 우측 사이드바를 클릭해 봅니다. 왼쪽에 있던 메뉴가 오른쪽으로 이동한 것을 볼 수 있습니다. 블로거가 원하는 형태의 단 구성을 직접 할 수 있습니다.

> 2단 우측 사이드바를 선택하면 메뉴의 위치가 오른쪽으로 변경된 것을 볼 수 있습니다.

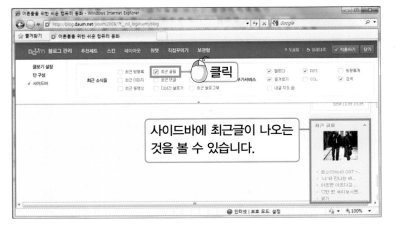

07 사이드바를 설정하기 위해 사이드바 메뉴를 클릭합니다. 사이드바는 블로그의 사이드바 항목에 어떤 내용들을 표시할 것인지를 결정하는 화면입니다. 표시하기를 원하는 항목을 클릭하면 블로그의 사이드바 자리에 선택한 항목이 추가됩니다. 최근 글들을 선택해 봅니다.

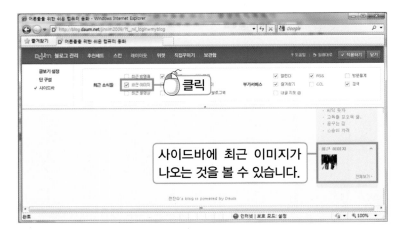

08 이번에는 최근 이미지를 선택해 보면 사이드바에 최근 이미지가 나오는 것을 볼 수 있습니다.

사이드바에 내용을 너무 많이 보여주면 블로그가 너무 복잡해 보일 수 있고 사용자가 혼란스러울 수 있습니다. 현재 내 블로그에서 꼭 보여주고 싶은 내용에 체크하여 보여주는 것이 좋습니다.

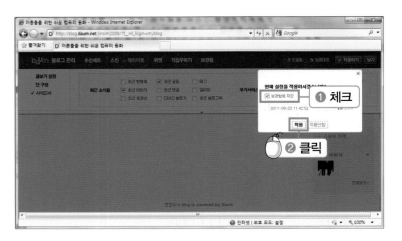

09 우측 상단에 있는 [적용하기] 버튼을 클릭합니다. '보관함에 저장'에 체크하고 [적용] 버튼을 클릭합니다.

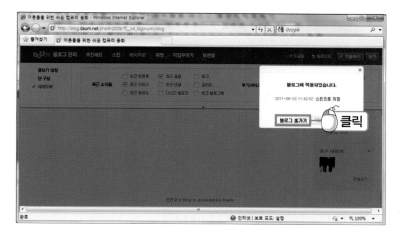

10 설정이 완료되었다는 메시지 창에서 [블로그 홈가기] 버튼을 클릭합니다.

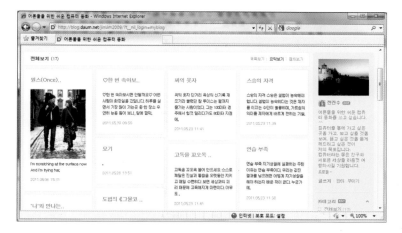

11 블로그 홈에서 설정한 레이아웃이 적용된 것을 확인합니다.

03 직접 꾸미기 기능으로 꾸미기

직접 꾸미기 기능은 블로그의 세부적인 디자인을 하는 메뉴입니다. 타이틀, 타이틀 메뉴, 배경, 전체
틀, 게시글, 사이드바, 프로필, 폰트 등을 직접 꾸밀 수 있습니다.

01 직접 꾸미기 페이지에 접속하기 위해 블로그 관리 페이지에서 [직접꾸미기] 버튼을 클릭합니다.

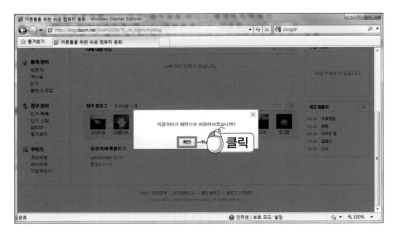

02 직접꾸미기 이동 대화상자에서 [확인] 버튼을 클릭합니다.

> 직접 꾸미기 항목은 블로그 공부에서 제일 어려운 부분입니다. 그렇지만 직접 꾸밀 수 있다는 것은 독창적으로 원하는 블로그를 만들 수 있다는 뜻입니다. 지금 완벽하게 완성하려 하지 말고 꾸준히 블로깅을 하면서 조금씩 원하는 부분을 바꿔 나가 보세요.

03 타이틀 항목에서 '풍선 장식'을 클릭하여 풍선 장식을 추가합니다.

❷ 풍선 장식이 적용된 모습

04 제목의 글꼴 및 크기 색상을 변경하기 위해 제목 메뉴를 클릭하여 설정합니다.

제목과 부제목은 사용자에게 잘 보여야 합니다. 배경색과 같은 계열이거나 너무 작을 경우 잘 보이지 않을 수 있으므로 주의해 주세요.

05 설명 항목도 수정하기 위해 설명을 클릭하고 수정합니다.

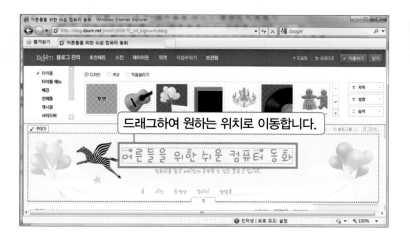

06 제목 및 설명 등의 위치를 변경하고 싶을 경우는 드래그하여 위치를 변경합니다.

07 타이틀 메뉴를 변경하기 위해 [타이틀 메뉴]를 클릭하고 원하는 항목의 이미지를 클릭합니다.

08 이번에는 블로그의 배경 항목을 변경하기 위해 [배경]을 선택하여 원하는 배경 이미지를 적용합니다.

09 원하는 이미지로 배경을 직접 디자인 할 때는 [직접올리기] 메뉴를 선택하고 [찾아보기] 메뉴를 클릭한 후에 원하는 이미지를 선택하여 적용합니다.

> 사진을 직접 올려서 사용할 때는 저작권에 주의해 주세요. 인터넷에 있는 사진을 다운받아 올리거나 본인의 사진이 아닌 것을 올릴 때는 다시 한 번 저작권 문제가 없는 사진인가 확인하세요.

10 사진을 선택하고 [열기] 버튼을 클릭합니다.

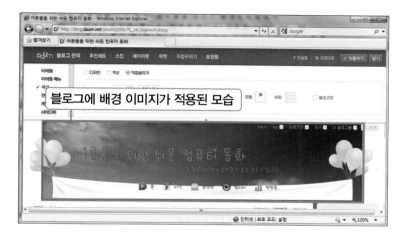

11 선택한 사진이 블로그에 적용된 것을 볼수 있습니다.

12 직접 올린 사진을 취소할 때는 배경 이미지의 [삭제] 버튼을 클릭하면 지워집니다.

한 번 지운 사진은 되돌릴 수 없으므로 삭제에 관련된 실습을 할 때는 주의해 주세요.

13 직접 올린 배경 이미지가 지워진 것을 확인합니다.

직접 등록했던 배경 이미지를 지운 모습

① 클릭

② 클릭

전체틀이 적용된 모습

14 전체틀 항목에서는 블로그의 전체틀을 설정할 수 있습니다.

이 책에서는 최대한 화려하고 진한 색으로 실습을 진행하고 있습니다. 어느 부분이 변경되는지 독자분들이 빠르게 알게 하기 위해서입니다. 직접 블로그를 만들 때 너무 진한 색을 사용하면 다른 요소와 어울리지 않을 수 있으니 참고하세요.

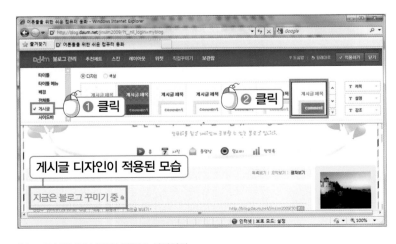

① 클릭

② 클릭

게시글 디자인이 적용된 모습

지금은 블로그 꾸미기 중

15 게시글 항목에서는 게시글 '제목' 및 '본문 내용'에 대한 '글꼴', '색상' 등을 설정할 수 있습니다.

16 사이드바를 설정하기 위해 사이드바 항목에서는 사이드바 디자인을 설정합니다.

17 프로필 항목에서는 프로필 디자인을 설정합니다.

18 Daum메뉴 항목에서는 다음 상단에 있는 메뉴의 디자인을 설정합니다.

폰트 디자인이 설정된 모습

19 폰트 항목은 블로그 글 목록 및 사이드바에 해당하는 폰트를 일괄적으로 변경할 때 사용합니다.

> 다음 블로그에서는 다양한 폰트를 제공하고 있습니다. 하지만 폰트가 너무 장식체에 가까우면 블로그 내용을 읽는 사람들에게 불편을 주게 됩니다. 글자가 잘 읽히지 않고 눈이 아프기 때문입니다. 이 점을 주의하여 폰트를 선택하세요.

20 전체적으로 디자인이 완료된 후에 [적용] 버튼을 클릭하여 블로그에 설정한 디자인을 적용합니다.

21 블로그 설정이 완료되었다는 메시지 창에서 [블로그 홈가기] 버튼을 클릭하여 블로그 홈으로 이동합니다.

22 블로그의 디자인이 세부적으로 변경된 것을 확인합니다.

블로그 이전 디자인으로 복원하기

블로그 관리 페이지에 있는 보관함 메뉴를 활용하여 블로그 디자인을 복원할 수 있습니다. 블로그를 꾸미다 보면 이전 디자인이 더 좋다는 생각이 들어 되돌리려고 하는 경우가 많이 있는데 그럴 경우는 보관함에서 돌아가고 싶은 이전 시점으로 복원을 진행할 수 있습니다.

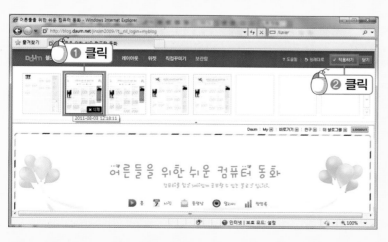

이전에 만든 디자인 리스트가 나옵니다. 이전의 디자인을 클릭하면 디자인이 적용되는 것을 볼 수 있습니다. 적용된 디자인이 마음에 들 경우 [적용하기] 버튼을 클릭하면 이전의 블로그 디자인으로 되돌아갑니다.

블로그에 글쓰기

블로그에 글을 쓰는 방법에는 크게 기본 에디터 모드와 HTML 모드가 있습니다. 에디터 모드는 사용자가 글을 쓰며 바로 편집을 할 수 있고 HTML 모드는 HTML 언어를 이해했을 때 자유로운 편집이 가능합니다.

01 기본글 쓰기

기본글 작성은 에디터 모드로 작성이 되며 사용자가 글을 쓰고 난 후에 편집기를 활용하여 자유로운 편집이 가능합니다.

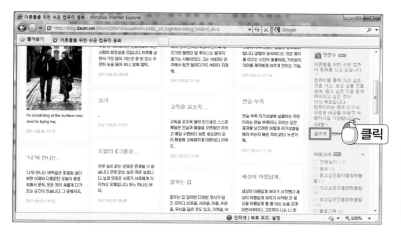

01 블로그에 글을 올리기 위해 블로그 메뉴 중에 [글쓰기] 버튼을 클릭합니다.

선택한 블로그의 스킨에 따라 현재 글쓰기 메뉴의 위치가 다를 수 있습니다. 블로그 화면에서 글쓰기 메뉴의 위치를 찾아보세요.

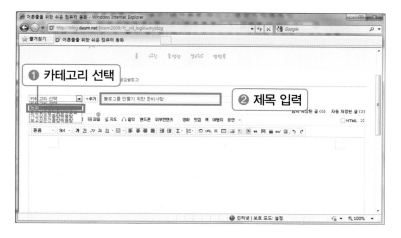

02 글을 등록할 카테고리를 선택하고 제목을 입력합니다.

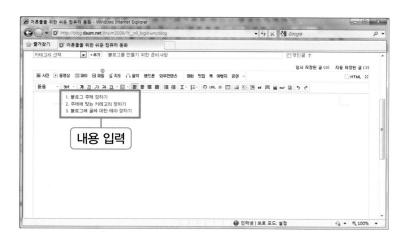

03 내용 입력창에 원하는 내용을 입력합니다.

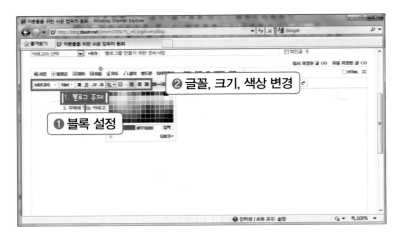

04 입력한 내용을 블록 설정한 후에 글꼴, 크기, 색상을 변경합니다.

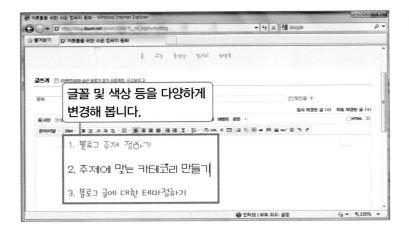

05 글꼴 및 색상을 다양하게 적용해 봅니다.

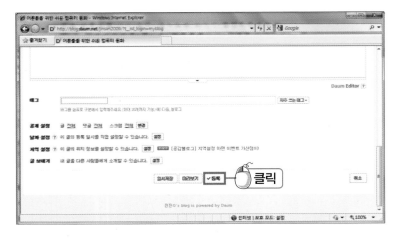

06 화면의 하단에 있는 [등록] 버튼을 클릭하여 블로그의 내용을 등록합니다.

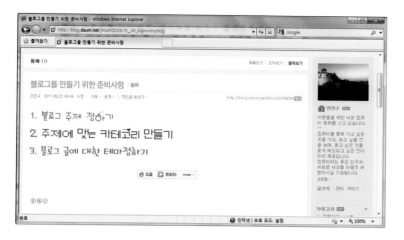

07 블로그에 작성한 내용이 등록된 것을 확인합니다.

02 HTML 모드에서 작성하기

HTML(Hyper Text Makeup Language)은 링크를 포함하고 있는 문서를 만드는 언어입니다. 블로그나 카페에서 HTML 모드를 활용하는 경우는 음악, 플래시, 영상시 등을 포함한 문서를 만들 때입니다.

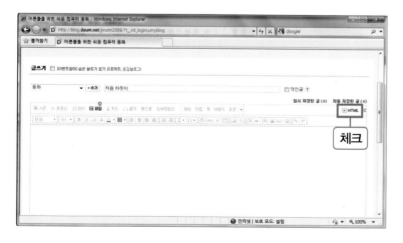

01 글쓰기 버튼을 클릭한 상태에서 'HTML' 모드에 체크를 합니다.

체크

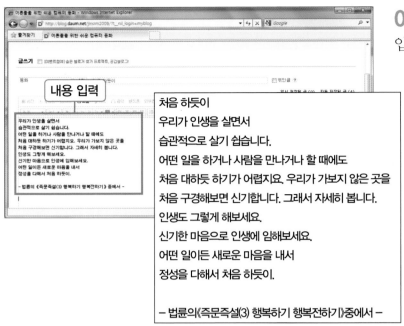

02 본문 내용을 입력합니다. 기본 모드에서 입력하듯이 내용을 입력합니다.

내용 입력

처음 하듯이
우리가 인생을 살면서
습관적으로 살기 쉽습니다.
어떤 일을 하거나 사람을 만나거나 할 때에도
처음 대하듯 하기가 어렵지요. 우리가 가보지 않은 곳을
처음 구경해보면 신기합니다. 그래서 자세히 봅니다.
인생도 그렇게 해보세요.
신기한 마음으로 인생에 임해보세요.
어떤 일이든 새로운 마음을 내서
정성을 다해서 처음 하듯이.

– 법륜의《즉문즉설(3) 행복하기 행복전하기》중에서 –

03 현재는 어떠한 편집도 하지 않은 상태입니다. 이렇게 입력하고 바로 등록하였을 때 어떤 형태로 등록이 되는지 알아보기 위해 하단에 있는 [등록] 버튼을 클릭합니다.

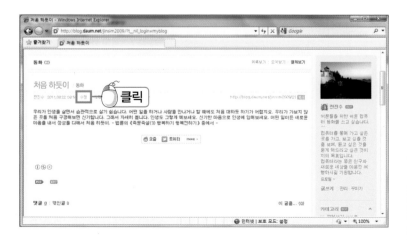

04 내용이 입력된 것을 볼 수 있습니다. 그렇지만 Enter를 치며 입력했던 내용이 모두 이어져서 작성되었습니다. 이처럼 HTML 모드에서는 Enter 명령이 적용되지 않는 것을 볼 수 있습니다. 내용을 수정하기 위해 [수정] 버튼을 클릭합니다.

> HTML 모드에서는 Enter가 아닌 줄 바꿈 명령 ⟨br⟩을 써야 줄이 바뀝니다.

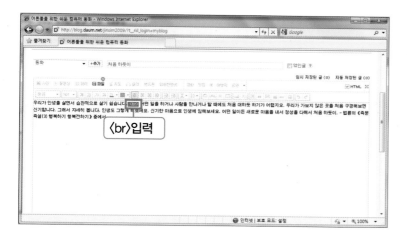

05 줄바꿈을 해야 하는 자리에서 〈br〉 명령을 입력합니다.

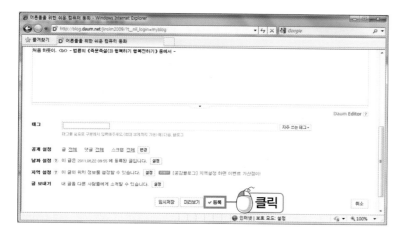

06 전체적으로 줄바꿈 명령을 입력한 후에 [등록] 버튼을 클릭합니다.

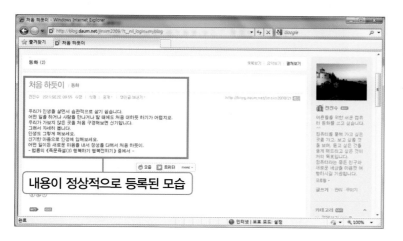

07 그러면 내용이 정상적으로 등록된 것을 볼 수 있습니다.

HTML 모드에서 영상시 만들기

HTML 모드에서 내용입력 창에 아래의 내용을 입력한 후에 등록해봅니다.
글씨가 올라가는 영상시가 완성됩니다.

```
〈center〉
〈table width=500 height=400〉〈tr〉
〈td align=center background="사진주소"〉
〈marquee direction=up scrollamount=1〉
〈center〉
〈pre〉


짧은 휴식, 원대한 꿈


맘 같아서는
가까운 수목원이라도 가서
일도 건강도 조율 할 수 있는 짧은 휴식을 가졌으면
참 좋겠지만 그건 너무 원대한 꿈인 것 같습니다.
과연 어떻게 제가 "제대로 살 수 있을까?"
일주일 내내 고민했습니다.


- 허아림의《사랑하다, 책을 펼쳐놓고 읽다》중에서 -

〈/td〉〈/table〉
〈embed src="음악주소"loop=-1 hidden="true"〉
```

07 Chapter

블로그에 멀티미디어 글쓰기

블로그에 글을 등록하는 방법에는 여러 가지가 있습니다. 사진, 음악, 동영상, 첨부파일 등 블로그에 다양한 방법으로 글을 쓸 수 있습니다.

01 사진 올리기

대표적으로 가장 많이 사용되는 기능으로 블로그에 글을 쓸 때 사진과 함께 등록하는 방법입니다.
요즘은 사진을 한 장만 등록하는 것이 아니라 많은 사진을 등록하며 중간 중간 글을 쓰는 형태로 등
록됩니다.

01 블로그에 사진을 등록하기 위해 글쓰기
를 클릭한 후에 '카테고리'와 '제목'을 입력하고
[사진] 버튼을 클릭합니다.

02 이미지 첨부 화면에서 [사진추가하기] 버
튼을 클릭합니다.

03 사진 대화상자에서 원하는 사진을 선택
하고 [열기] 버튼을 클릭합니다.

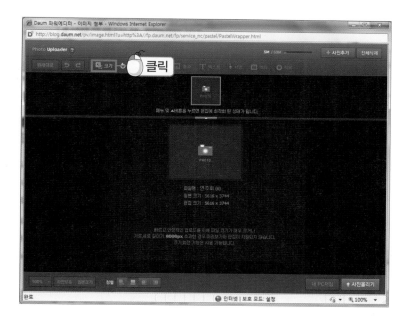

04 사진이 입력된 것을 확인하고 크기를 조
절하기 위해 [크기] 버튼을 클릭합니다.

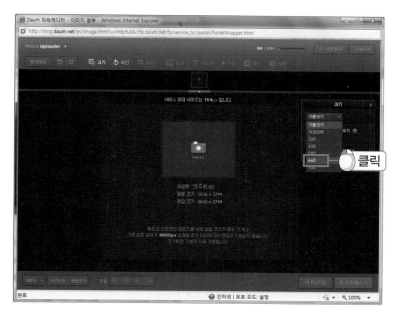

05 크기 설정 대화상자에서 가로크기
'640px'로 설정합니다.

블로그 사진을 올릴 때 적합한 사이즈는 가로
기준 640px입니다.

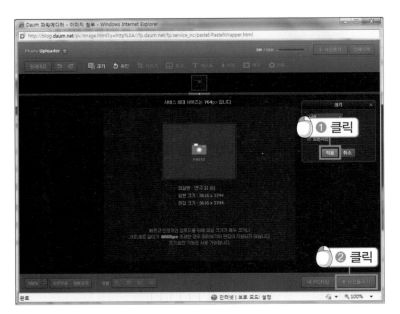

06 선택한 크기를 적용하기 위해 [적용] 버튼을 클릭한 후에 [사진올리기] 버튼을 클릭합니다.

07 사진이 등록된 것을 볼 수 있습니다. 이번에는 여러 장의 사진을 한 번에 올리기 위해서 [사진] 버튼을 클릭합니다.

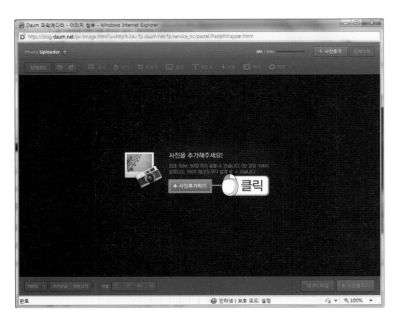

08 사진을 추가하기 위해 [사진추가하기] 버튼을 클릭합니다.

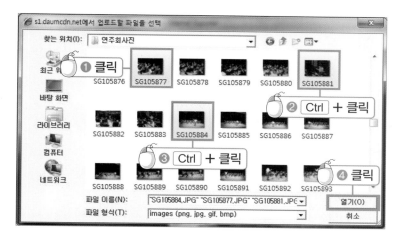

09 여러 장의 사진을 추가하기 위해 Ctrl +
클릭하여 원하는 사진을 선택합니다.

> 여러 장의 사진을 한 번에 등록할 때는 첫 번
> 째 사진은 클릭을 하고 두 번째 사진부터 ctrl
> + 클릭을 하여 여러 장을 동시에 선택한 후에
> 등록을 합니다.

10 선택한 사진이 모두 편집창으로 등록된
것을 볼 수 있습니다.

11 크기 버튼을 클릭한 상태에서 크기를 조
절하고 '모든 사진'에 체크한 후 [적용] 버튼을
클릭합니다. [사진올리기] 버튼을 클릭하여 사
진을 등록합니다.

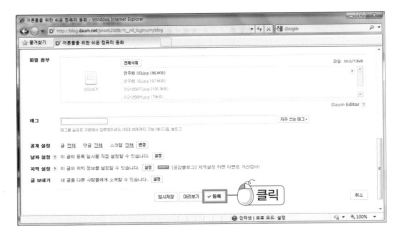

12 여러 장의 사진이 등록된 것을 확인하고 화면의 하단에 있는 [등록] 버튼을 클릭합니다.

13 여러 장의 사진이 정상적으로 등록되었는지 확인합니다.

02 동영상 올리기

블로그에 글을 올릴 때 동영상을 함께 올릴 수 있습니다. 최대 100MB까지 올릴 수 있기 때문에 원하는 대부분의 동영상은 모두 업로드 할 수 있다고 볼 수 있습니다.

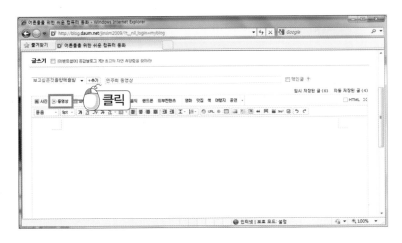

01 동영상을 올리기 위해 '카테고리'와 '제목'을 입력하고 [동영상] 버튼을 클릭합니다.

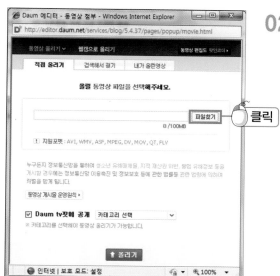

02 동영상 첨부 에디터에서 [파일찾기] 버튼을 클릭합니다.

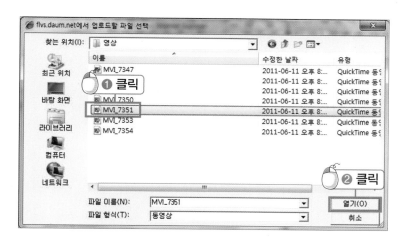

03 업로드할 동영상을 선택한 후에 [열기] 버튼을 클릭합니다.

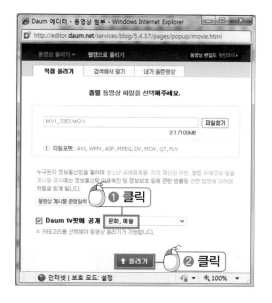

04 동영상 공개 카테고리를 선택하고 [올리기] 버튼을 클릭합니다.

동영상을 블로그에 올리며 다음tv팟에 공개를 할 수 있습니다. 더 많은 사람들에게 자신의 동영상을 보여주는 방법입니다.

05 대표 이미지를 선택하고 [등록] 버튼을 클릭합니다.

> 대표 이미지는 동영상이 등록되면서 어떤 동영상인지를 알려주기 위한 스틸 이미지입니다. 동영상이 등록된 화면에는 지금 선택한 이미지가 보이고 재생 버튼을 클릭했을 때 동영상이 재생됩니다.

06 내용 입력창에 동영상 파일이 등록된 것을 확인합니다.

07 블로그 화면의 하단에 있는 [등록] 버튼을 클릭하여 동영상을 등록합니다. 그리고 재생 버튼을 클릭하여 영상이 정상적으로 등록되었는지 확인합니다.

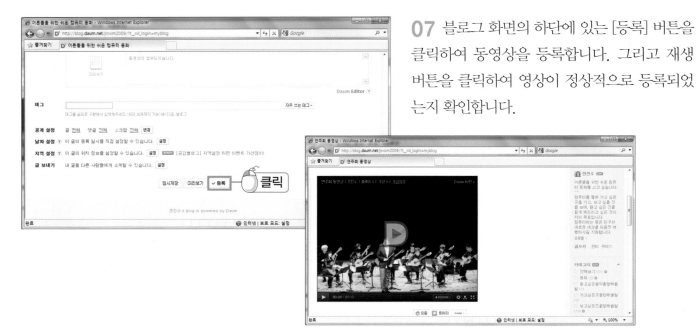

03 사진으로 파이 만들어서 등록하기

'파이' 기능은 여러 장의 사진을 조각으로 만들어 다양한 슬라이드로 만들어 주는 기능으로 사진을 재미있게 표현해 주기 때문에 자주 사용되는 기능입니다.

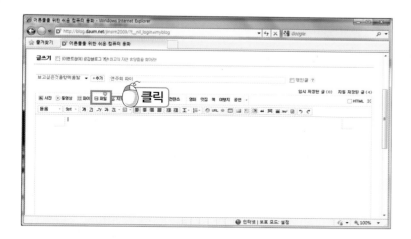

01 카테고리와 제목을 입력한 후에 [파이] 메뉴를 클릭합니다.

02 파이 첨부 에디터 창에서 [사진 올리기] 버튼을 클릭합니다.

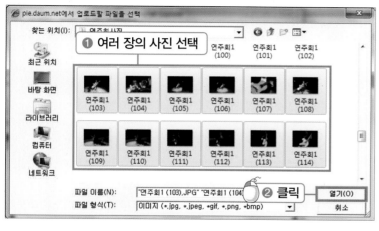

03 파이를 만들기 위해 여러 장의 사진을 선택하고 [열기] 버튼을 클릭합니다.

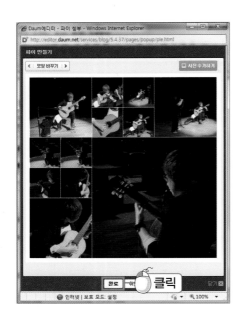

04 자동으로 파이가 생성된 것을 확인할 수 있습니다. [완료] 버튼을 클릭합니다.

파이는 다양한 모양을 갖고 있습니다. 모양 바꾸기를 클릭하면 다양한 모양의 파이가 만들어집니다.

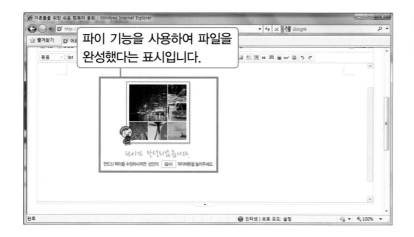

05 내용 입력창에 완성된 파이가 등록되는 것을 볼 수 있습니다.

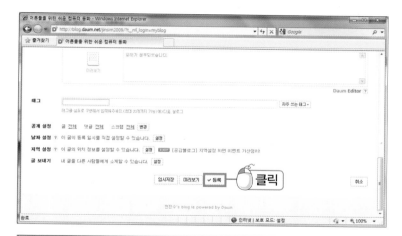

06 화면 하단에 있는 [등록] 버튼을 클릭하고 등록된 파이를 감상합니다. [슬라이드 쇼] 버튼을 클릭하면 큰 화면을 통해 사진을 감상할 수 있습니다.

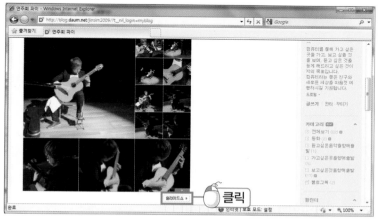

07 슬라이드 쇼 보기 화면입니다.

04 첨부파일 올리기

블로그에 파일을 올려야 하는 경우 첨부파일 기능을 활용할 수 있습니다. 원하는 파일을 찾아보기 하여 블로그 내용과 함께 올리고 사용자로 하여금 다운로드 받을 수 있게 설정할 수 있습니다.

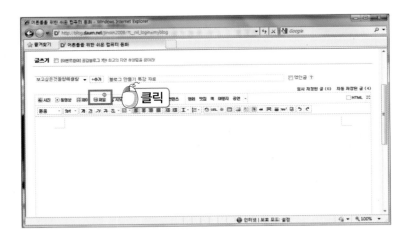

01 카테고리와 제목을 입력한 후에 [파일] 버튼을 클릭합니다.

02 [파일 추가] 버튼을 클릭합니다.

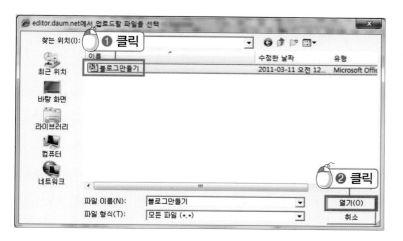

03 첨부할 파일을 선택한 후에 [열기] 버튼을 클릭합니다.

04 [등록] 버튼을 클릭합니다.

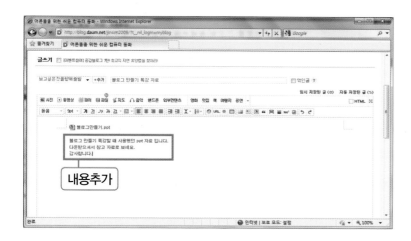

05 첨부파일에 관한 추가 설명을 입력합니다.

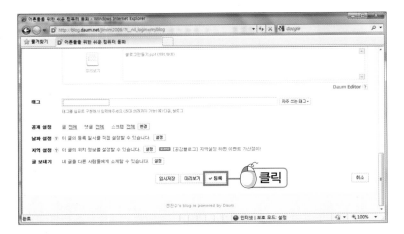

06 화면의 하단에 있는 [등록] 버튼을 클릭합니다.

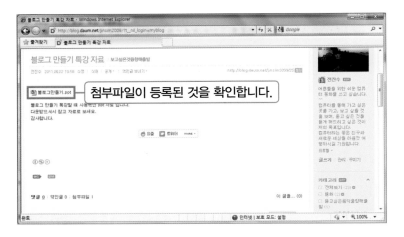

첨부파일이 등록된 것을 확인합니다.

07 첨부파일이 정상적으로 등록된 것을 확인합니다.

블로그 내용을 블로그북으로 만들기

블로그북은 블로그의 내용을 책으로 만들 수 있는 기능입니다. 블로그 방문자들이 엮어 놓은 내용을 인터넷을 통해 읽을 수 있도록 하는 좋은 기능입니다.

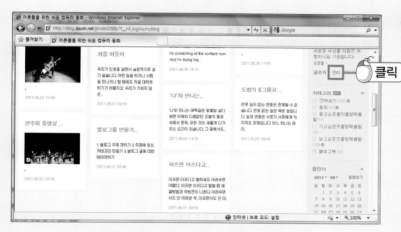

❶ 블로그북을 만들기 위해 블로그 처음 화면에서 [관리] 메뉴를 클릭합니다.

❷ 글 관리 목록의 [블로그북] 메뉴를 클릭합니다.

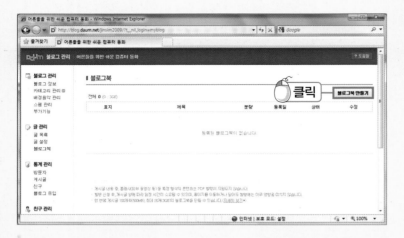

❸ 블로그북을 만들기 위해 [블로그북 만들기] 버튼을 클릭합니다.

❹ 블로그북 기본정보 입력창에서 내용을 입력하고 [다음단계]를 클릭합니다.

❺ 책에 추가할 내용을 선택하고 [담기] 버튼을 클릭합니다.

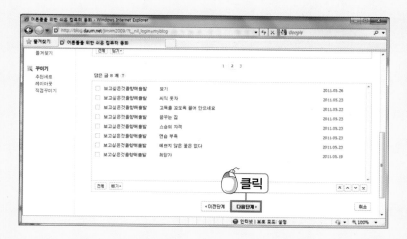

❻ 담긴 목록을 확인합니다. 같은 방법
으로 책으로 만들고 싶은 내용을 담
은 후에 [다음단계] 버튼을 클릭합니
다.

❼ 블로그북 디자인 설정 항목에서 앞표
지 항목의 표지사진을 추가하기 위해
[사진찾아보기] 버튼을 클릭합니다.

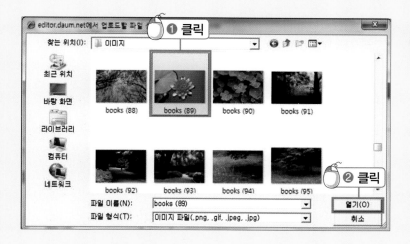

❽ 표지에 사용할 사진을 선택하고 [열
기] 버튼을 클릭합니다.

❾ 다른 항목도 같은 방법으로 설정하고 [블로그북 등록하기] 버튼을 클릭하여 등록합니다.

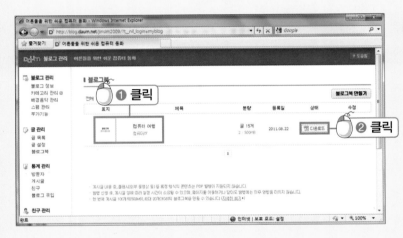

❿ 블로그북이 생성된 것을 볼 수 있습니다. 블로그북을 읽을 때는 다운로드 버튼을 클릭하여 만들어진 책을 볼 수 있습니다.

블로그 알리기

운영하는 블로그를 많은 사람들이 조금 더 쉽게 접속할 수 있도록 하는 방법은 검색사이트에 등록하는 것입니다. 다른 홈페이지나 쇼핑몰과 같은 방법으로 블로그를 등록할 수 있습니다.

01 검색 사이트에 등록하기

이번에는 다음 사이트에 등록하는 방법을 소개하겠습니다. 다른 사이트도 거의 유사하기 때문에 다음 사이트에 등록하는 방법을 알고 있으면 다른 곳도 큰 문제없이 등록할 수 있습니다.

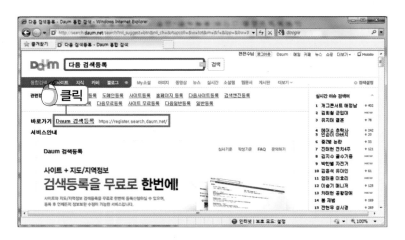

01 다음 검색창에서 '다음 검색등록'을 입력하고 [검색] 버튼을 클릭합니다. 검색결과 바로가기에 있는 'Daum 검색등록'을 클릭합니다.

블로그를 다른 사람들에게 알려줄 때 주소로 알려주는 것보다는 검색어를 통해 자신의 블로그를 알려주는 것이 더 편리합니다. 나의 블로그를 어떤 이름으로 등록할까를 먼저 생각한 후에 지금의 내용을 진행하면 효과적입니다.

02 검색등록 화면에서 [신규등록하기] 버튼을 클릭합니다.

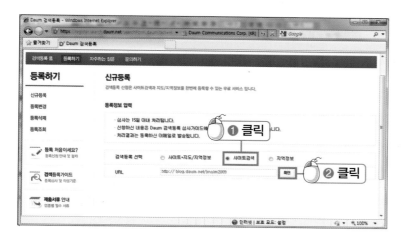

03 검색등록 항목에서 '사이트검색'을 선택하고 '블로그 주소'를 입력한 후에 [확인] 버튼을 클릭합니다.

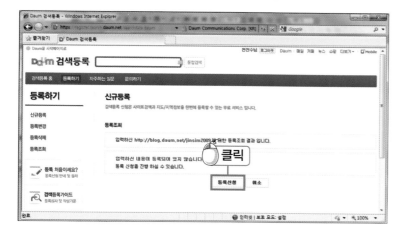

04 등록조회 결과를 확인한 후에 [등록신청] 버튼을 클릭합니다.

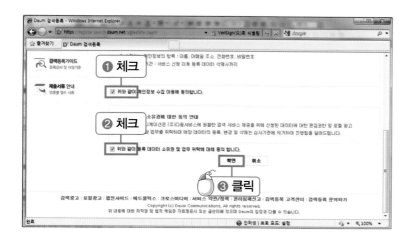

05 약관 동의함에 체크하고 [확인] 버튼을 클릭합니다.

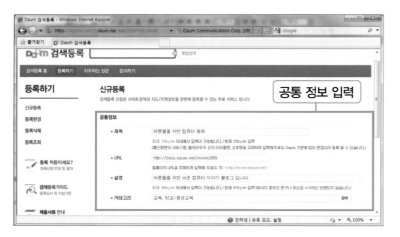

06 신규등록 화면에서 블로그 공통 정보를 입력합니다.

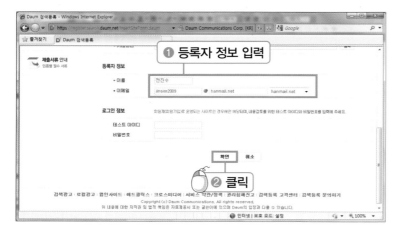

07 등록자 정보를 입력하고 [확인] 버튼을 클릭합니다.

테스트 아이디와 비밀번호의 경우는 회원제 홈페이지를 운영하는 경우 기입하는 곳입니다. 현재 만들고 있는 블로그는 공개되어 있기 때문에 로그인 정보는 입력하지 않아도 됩니다.

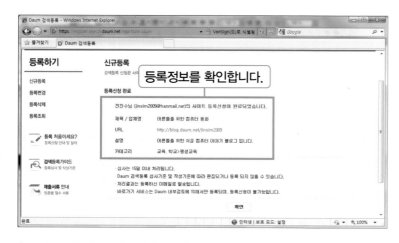

08 등록신청이 완료되었습니다.

02 다른 블로그와 친구맺기

다른 블로그와 친구맺기를 하면 서로의 블로그에 방문하기가 쉬워지고 더 많은 사람들에게 빠른 시간 안에 블로그를 홍보할 수 있습니다.

1. 친구 신청하는 방법

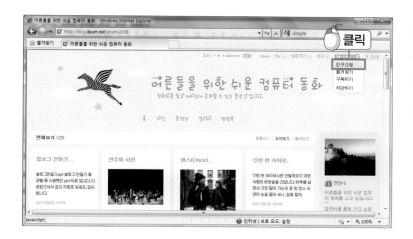

01 친구를 신청할 블로그에 접속합니다. 오른쪽 상단에 있는 [이 블로그를] 메뉴를 클릭하면 친구신청 메뉴가 활성화 됩니다. 그러면 [친구신청] 버튼을 클릭합니다.

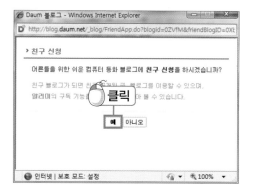

02 친구신청 대화상자에서 [예] 버튼을 클릭합니다.

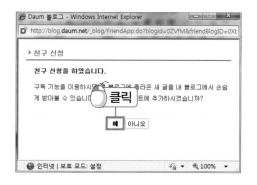

03 친구신청이 완료되었다는 메시지 창에서 [예] 버튼을 클릭합니다.

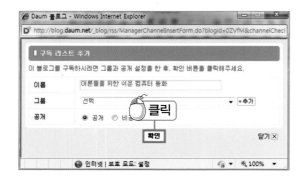

04 구독리스트 추가 대화상자에서 [확인] 버튼을 클릭하면 친구 신청이 완료됩니다.

2. 친구 신청 수락하는 방법

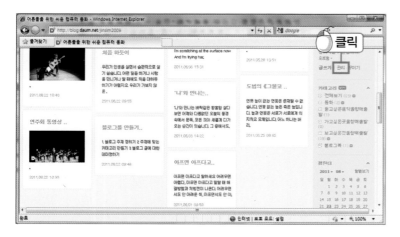

01 블로그에서 [관리] 버튼을 클릭합니다.

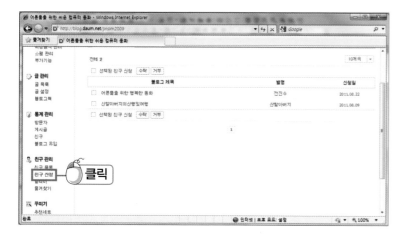

02 관리자 페이지에서 [친구 신청] 메뉴를 클릭합니다.

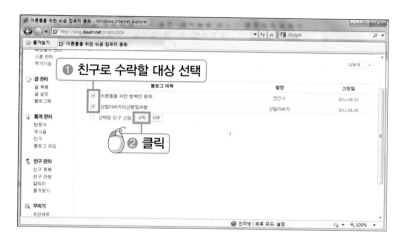

03 신청 받은 친구 목록을 확인하고 수락할 대상을 선택한 후에 [수락] 버튼을 클릭합니다.

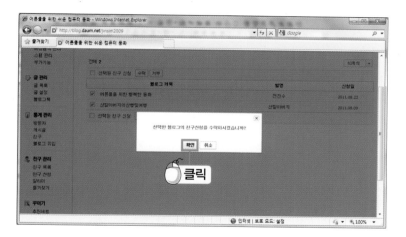

04 친구신청을 수락할 것인지에 대한 질문을 하는 메시지 창에서 [확인] 버튼을 클릭하여 친구 수락을 합니다.

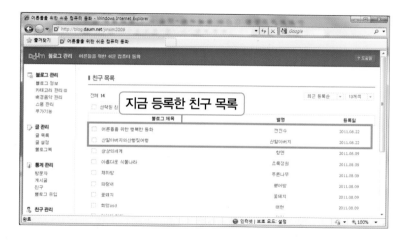

05 친구 목록 화면으로 전환되며 등록된 친구의 목록이 나오는 것을 볼 수 있습니다.

06 블로그 처음 화면에서 [친구] 버튼을 클릭하면 현재 친구 목록이 나옵니다. 블로그 방문을 원하는 친구 메뉴를 클릭하면 친구의 블로그로 이동하는 것을 볼 수 있습니다.

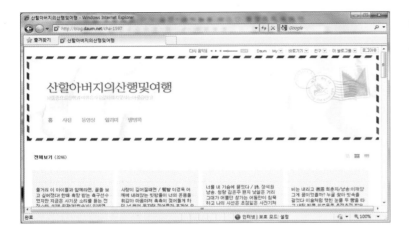

07 선택한 친구의 블로그로 이동하는 것을 볼 수 있습니다.

내 블로그에 트위터 위젯 달기

이 부분은 트위터를 개설한 후에 진행할 수 있는 부분입니다. 그렇지만 블로그와의 관련성도 있기 때문에 블로그 부분에서 내용을 진행합니다. 트위터가 없는 경우는 트위터 부분을 먼저 공부한 후에 이 부분을 공부하면 좋을 것 같습니다.

❶ 인터넷 주소에 다음위젯뱅크 홈페이지 'http://widgetbank.daum.net'를 입력하고 접속합니다.

❷ 위젯 검색 창에 '트위터'를 입력하고 [검색] 버튼을 클릭합니다. 검색 결과에 나온 '트위터 위젯'을 클릭합니다.

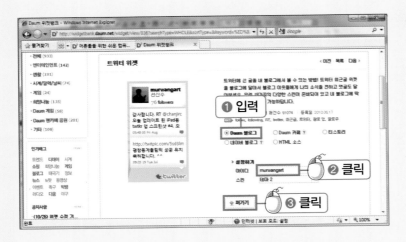

❸ 트위터 위젯 설정 창에서 'Daum 블로그'를 선택하고 아이디는 '트위터 아이디'를 입력합니다. [퍼가기] 버튼을 클릭합니다.

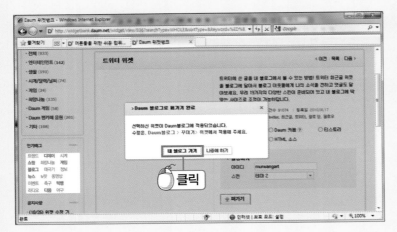

❹ Daum 블로그로 퍼가기 완료 대화상자에서 내용을 확인하고 [내 블로그 가기] 버튼을 클릭합니다.

❺ 블로그의 위젯함으로 이동이 됩니다. 위젯함에 있는 트위터 위젯을 클릭하여 블로그에 트위터를 적용합니다.

❻ 설정한 내용을 적용하기 위해 [적용]
버튼을 클릭하여 등록을 완료합니다.

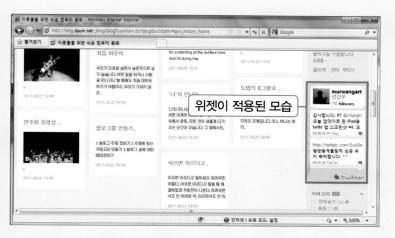

❼ 블로그 홈에서 트위터 위젯이 설치된
것을 확인합니다.

Part 02

네이버 블로그 만들기

블로그를 디자인해 가는 과정은 다음(DAUM)과 유사하기 때문에 다음 블로그를 개설해 본 사용자라면 네이버는 더 쉽게 블로그를 만들고 운영할 수 있습니다. 사실상 네이버 블로그는 다음 블로그보다 더 간편하게 개설할 수 있습니다. 가입하면 자동으로 블로그가 만들어지기 때문입니다.

01

네이버 블로그
개설하기

네이버에 블로그를 개설하기 위해서는 네이버에 가입이 되어 있어야 합니다. 여기에서는 가입이 되어 있다는 가정하에 로그인 단계부터 진행하겠습니다.

01 인터넷 주소에 네이버 주소 'http://www.naver.com'을 입력하고 접속한 후에 [로그인]을 클릭합니다.

네이버는 가입만 하면 블로그는 자동으로 개설됩니다. 개설된 블로그를 사용자가 원하는 대로 변경해서 사용합니다.

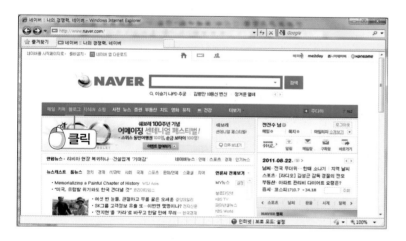

02 메인 화면에 있는 [블로그] 메뉴를 클릭합니다.

홈페이지 디자인이 변경되는 주기가 예전에 비해 많이 짧아졌습니다. 현재 선택하고 있는 메인 화면의 블로그 메뉴의 위치가 변경될 수 있습니다. 같은 위치에 메뉴가 없을 경우는 화면 중에 블로그 메뉴를 찾아 클릭합니다.

03 블로그 메인 화면에서 [내 블로그] 메뉴를 클릭합니다.

04 기본으로 개설되어 있는 블로그로 접속
이 이루어집니다.

02 기본 정보 설정하기

블로그의 가장 기본이 되는 블로그 제목, 별명, 설명을 입력하고 프로필 사진을 등록합니다. 블로그
기본 정보 및 프로필 이미지 등은 다시 수정할 수 있습니다.

01 기본 정보를 설정하기 위해 블로그의 처
음 화면에서 [관리] 메뉴를 클릭합니다.

02 기본정보 관리 항목에서 [블로그 정보] 메
뉴를 클릭합니다.

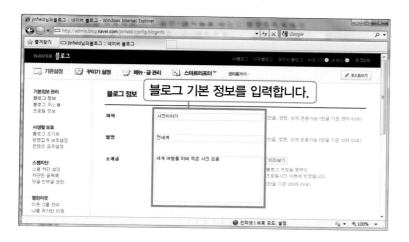

03 블로그 기본 정보 '제목', '별명', '소개글'을 입력합니다.

> 블로그 정보는 다음 번에 다시 수정이 가능합니다.

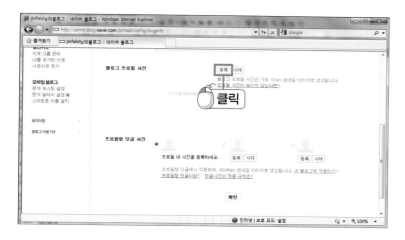

04 블로그 프로필 사진을 등록하기 위해 프로필 사진 항목에서 [등록] 버튼을 클릭합니다.

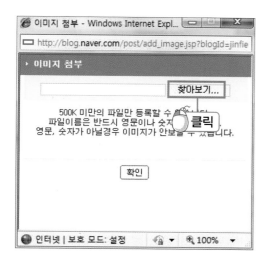

05 사진 등록 대화상자에서 [찾아보기] 버튼을 클릭합니다.

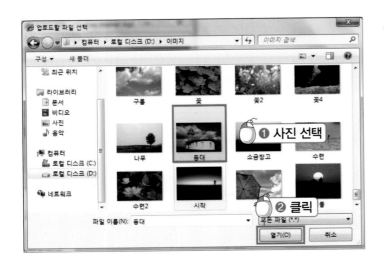

06 사진을 선택하고 [열기] 버튼을 클릭합니다.

07 [확인] 버튼을 클릭합니다.

08 프로필 사진이 등록된 것을 확인하고 [확인] 버튼을 클릭합니다.

09 정보가 등록된 것을 확인하기 위해 화면의 맨 위에 있는 [내블로그] 메뉴를 클릭합니다.

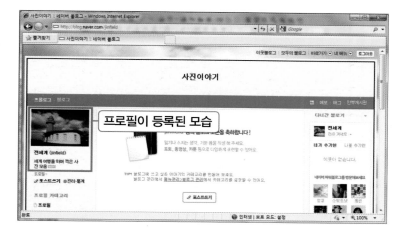

10 블로그 홈페이지에서 변경된 내용을 확인합니다.

훈수 한마디

블로그에 많이 올리는 플래시 슬라이드 만들기

플래시 슬라이더(FlashSlider)는 다양한 효과가 적용된 사진 슬라이드를 만들 수 있는 프로그램입니다.

사진 슬라이드에 원하는 배경 음악을 적용하여 홈페이지 및 카페, 블로그, 메일로 자유롭게 전송할 수 있습니다. 개발사 홈페이지에 방문하여 FlashSlider의 다양한 효과를 미리보도록 하겠습니다.

인터넷 주소에 "http://flashslider.com"를 입력하여 접속하고 [EFFECT LIBRARIES] 버튼을 클릭해 봅니다.

[FlashSlider 개발사 홈페이지]

[EFFECT LIBRARIES] 버튼을 클릭하면 어떤 효과를 적용할 수 있는지 미리 볼 수 있습니다. "Fading with some colors" 효과가 어떤 느낌인지 알고 싶을 경우에는 효과 이름 옆에 있는 [sample]을 클릭하면 됩니다. 작품을 만들기 전에 어떤 효과가 있는지 충분히 이해한다면 작품의 전체적인 구성이 더욱 좋아질 것 입니다.

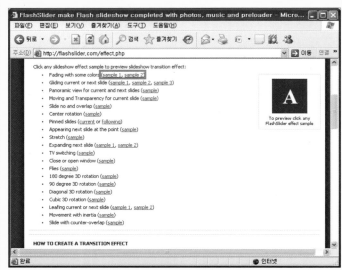
[EFFECT LIBRARIES를 미리볼 수 있는 화면]

02 Chapter

블로그 꾸미기

네이버 블로그 꾸미기 기능에서는 기본 스킨과 아이템 팩토리에서 다양한 스킨을 선택할 수 있고, 레이아웃 및 원하는 위젯 등을 자유롭게 선택하여 설치할 수 있습니다.

01 스킨 선택하기

블로그의 옷이라고도 할 수 있는 스킨을 선택하는 과정입니다. 적용한 스킨을 바꾸고 싶은 경우 다른 스킨으로 변경이 가능하기 때문에 처음 스킨을 선택하는 작업에서는 여러 가지 스킨을 적용해 보는 것이 중요합니다.

01 블로그에 스킨을 입히기 위해 블로그 관리자 페이지에서 [스킨 선택] 메뉴를 클릭합니다.

> 블로그의 디자인을 담당하는 곳이 스킨 항목입니다.

02 스킨 항목에서 [네이버 블로그 스킨]을 선택합니다.

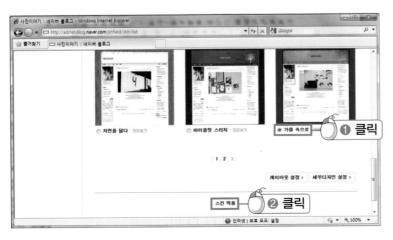

03 여러 가지 스킨 중에 원하는 스킨을 선택합니다. 여기에서는 '가을 속으로' 스킨을 선택하겠습니다. 스킨을 선택한 후에 [스킨 적용] 버튼을 클릭합니다.

04 스킨이 적용되었다는 메시지 창에서 [확인] 버튼을 클릭합니다.

가을 속으로 스킨이 적용된 모습

05 블로그 홈으로 이동하면 선택한 스킨이 적용된 것을 볼 수 있습니다.

02 아이템 팩토리에서 스킨 적용하기

아이템 팩토리는 많은 사용자들이 자신이 원하는 스타일대로 스킨을 제작해 놓고 서로 공유하는 곳입니다. 다양한 스킨 유형이 있기 때문에 블로그 디자인을 변경할 때 많이 사용하는 공간입니다.

01 관리자 페이지에서 [스킨 선택] 메뉴를 클릭합니다.

02 스킨 선택 페이지에서 [아이템 팩토리 바로가기] 메뉴를 클릭합니다.

03 아이템 팩토리 홈에 접속되는 것을 볼 수 있습니다. 여러 가지 아이콘 중에 [스킨샘] 메뉴를 클릭합니다.

04 다양한 아이템 중에 [일러스트] 메뉴에서 [나무]를 클릭합니다.

05 '나무 한그루' 스킨을 선택합니다.

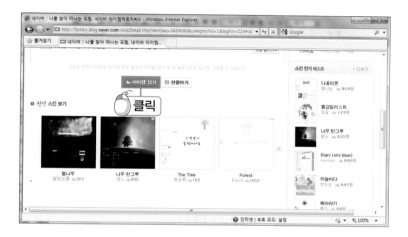

06 선택한 스킨이 마음에 들 경우 스킨 아래 있는 [아이템 담기] 버튼을 클릭합니다.

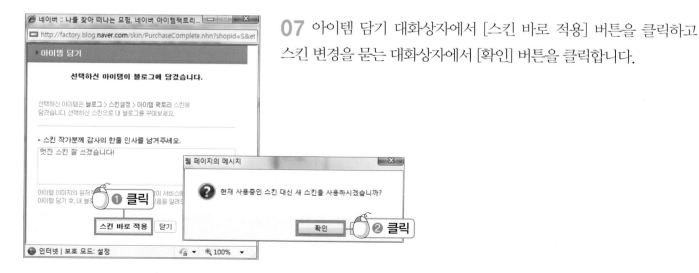

07 아이템 담기 대화상자에서 [스킨 바로 적용] 버튼을 클릭하고 스킨 변경을 묻는 대화상자에서 [확인] 버튼을 클릭합니다.

08 관리자 페이지로 전환이 되면서 아이템 팩토리 스킨 항목으로 선택한 스킨이 들어온 것을 볼 수 있습니다. 스킨을 적용하기 위해 '나무 한그루'를 선택합니다.

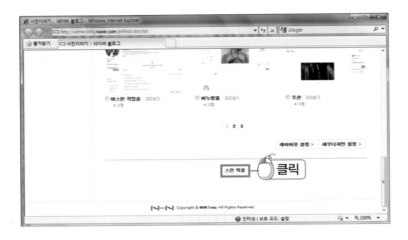

09 스킨 선택 화면의 하단에 있는 [스킨 적용] 버튼을 클릭합니다.

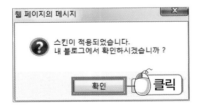

10 스킨이 적용된 후에 블로그에서 확인할 것인지 묻는 대화상자에서 [확인] 버튼을 클릭합니다.

11 아이템 팩토리에서 담기 한 스킨이 블로그에 적용된 것을 볼 수 있습니다.

> 스킨에 따라 메뉴의 위치 등이 달라지기 때문에 책을 따라할 때 다르다고 느낄 수 있습니다. 만일 책과 똑같이 진행되기를 원할 경우는 같은 스킨을 선택해야 같은 위치의 메뉴를 클릭하여 진행할 수 있습니다.

03 레이아웃 설정하기

레이아웃은 블로그의 전체적인 틀 구성을 말합니다. 블로그의 레이아웃 구성은 크게 글보기, 단 구성, 사이드바 구성으로 나눠져 있습니다.

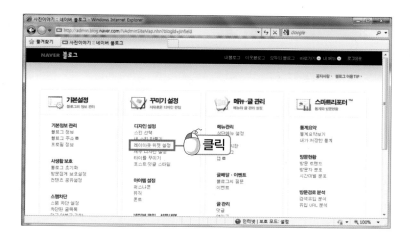

01 관리자 메뉴에서 [레이아웃 위젯 설정] 메뉴를 클릭합니다.

02 현재 적용된 레이아웃이 선택되어 있습니다. 변경하고자 하는 다른 레이아웃을 선택합니다.

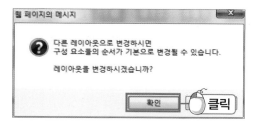

03 레이아웃을 변경할 경우 구성 요소가 달라질 수 있다는 경고 메시지 창에서 [확인] 버튼을 클릭합니다.

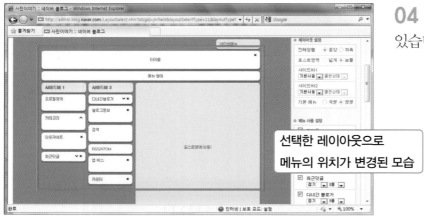

04 변경되는 레이아웃의 형식을 미리볼 수 있습니다.

선택한 레이아웃으로
메뉴의 위치가 변경된 모습

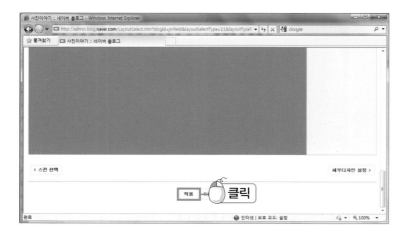

05 화면의 하단에 있는 [적용] 버튼을 클릭합니다.

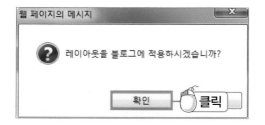

06 레이아웃 적용 대화상자에서 [확인] 버튼을 클릭합니다.

07 새로운 레이아웃으로 블로그가 변경된 것을 볼 수 있습니다.

새로운 레이아웃이 적용된 모습

04 위젯 설정하기

위젯은 웹에서 블로그 등에 붙여 사용할 수 있는 시계, 일기예보, 환율 등 유용한 정보를 손쉽게 접근하고 활용할 수 있게 해주는 미니 컴포넌트라고 볼 수 있습니다. 위젯을 이용하여 기존에 사용하는 도구의 디자인과 기능을 한 단계 업그레이드 할 수 있습니다.

01 블로그 관리자 페이지에서 [레이아웃 위젯 설정] 메뉴를 클릭합니다.

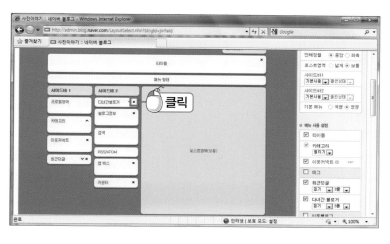

02 레이아웃 구성 페이지에서 메뉴를 다시 편집할 수 있습니다. 특정 메뉴를 지울 수도 있고 새로운 메뉴를 추가할 수도 있습니다. '다녀간블로거' 메뉴를 감추기 위해 지우기 버튼을 클릭합니다.

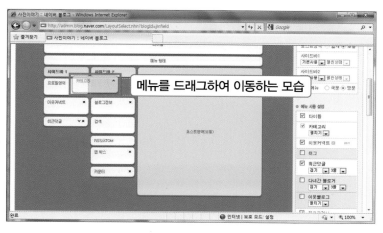

03 메뉴의 위치도 자유롭게 드래그하여 이동할 수 있습니다.

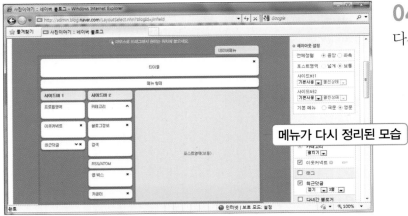

04 메뉴 지우기 및 드래그 이동하여 메뉴를 다시 정렬합니다.

메뉴가 다시 정리된 모습

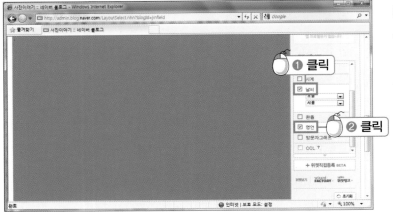

05 위젯을 추가하기 위해 오른쪽 위젯 항목에서 '날씨'와 '명언'을 선택합니다.

❶ 클릭

❷ 클릭

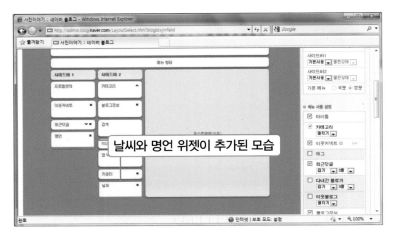

06 날씨와 명언 위젯이 추가된 것을 확인하고 원하는 위치로 드래그하여 자리를 잡아줍니다.

날씨와 명언 위젯이 추가된 모습

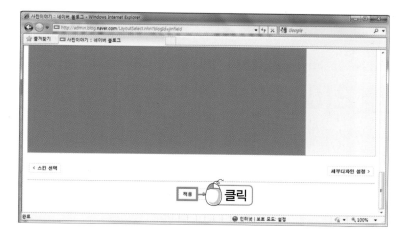

07 위젯 편집을 완료하기 위해 화면 하단에 있는 [적용] 버튼을 클릭합니다.

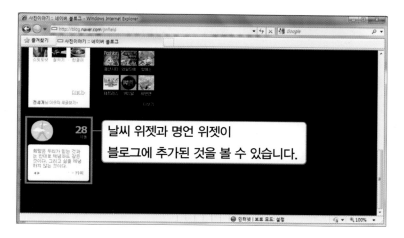

날씨 위젯과 명언 위젯이 블로그에 추가된 것을 볼 수 있습니다.

08 블로그에 새로운 위젯이 추가된 것을 확인합니다.

다양한 위젯을 설치하여 블로그를 운영할 수 있습니다. 그렇지만 너무 많은 위젯을 설치하면 방문자가 블로그 내용을 보기보다는 위젯에만 관심을 갖게 되는 경우도 있기 때문에 꼭 필요한 위젯을 몇 가지씩 꾸준히 변경하는 것도 좋은 방법입니다.

위자드팩토리에서 위젯 추가하기

인터넷 주소 위자드팩토리 홈페이지 'http://www.wzdfactory.com'은 원하는 위젯을 블로그에 다양하게 추가할 수 있는 사이트입니다.

❶ 위자드팩토리 홈페이지에 접속합니다.

❷ 위젯 갤러리를 클릭하여 인기순을 클릭한 후에 첫 번째로 나오는 '블루씨'를 클릭합니다.

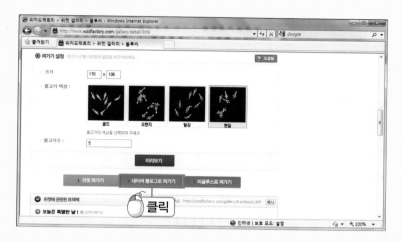

❸ [네이버 블로그로 퍼가기] 메뉴를 클릭합니다.

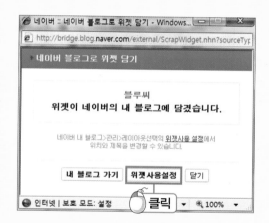

❹ 위젯이 네이버 블로그에 담겼다는 메시지 창에서 [위젯 사용설정]을 클릭합니다.

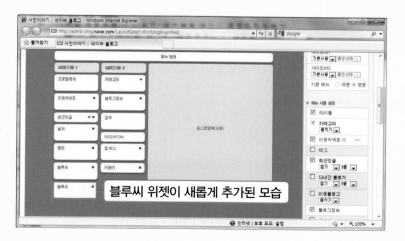

블루씨 위젯이 새롭게 추가된 모습

❺ 레이아웃 페이지에서 선택한 '블루씨 위젯'이 추가된 것을 확인합니다.

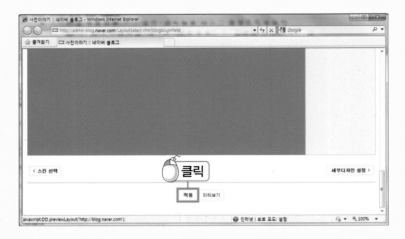

❻ 화면의 하단에서 [적용] 버튼을 클릭합니다.

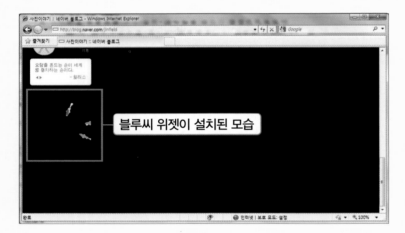

블루씨 위젯이 설치된 모습

❼ 블로그 메인 화면에 블루씨 위젯이 설치된 것을 볼 수 있습니다.

03
Chapter

리모콘 기능으로 세부 디자인 설정하기

네이버 블로그를 편집할 때 리모콘 기능을 활용하면 편리하게 단계별로 전체적인 디자인을 설정할 수 있습니다. 각 부분별로 세분화되어 있는 리모콘으로 순차적으로 디자인을 변경해 가면 어느새 블로그가 완성되어 있습니다.

01 스킨 변경하기

현재 적용되어 있는 스킨(배경)이 책과 다를 경우 실습을 따라하기에 어려움이 있을 수 있습니다. 우선 같은 스킨으로 설정해 놓고 리모콘 기능으로 이어서 진행하겠습니다.

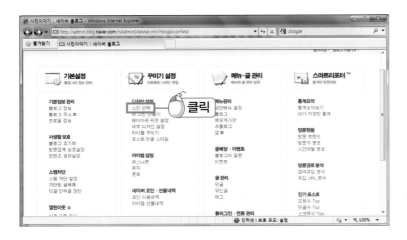

01 관리 페이지에서 [스킨 선택] 메뉴를 클릭합니다.

디자인 스킨이 다를 경우 여기부터의 실습은 어려울 수 있습니다. 먼저 책과 같이 같은 스킨을 선택한 후에 리모콘 기능에 대해 실습하는 것이 좋습니다.

02 [네이버 블로그 스킨] 항목을 클릭합니다.

03 '로망의 여행지'를 선택하고 [세부디자인 설정] 메뉴를 클릭합니다.

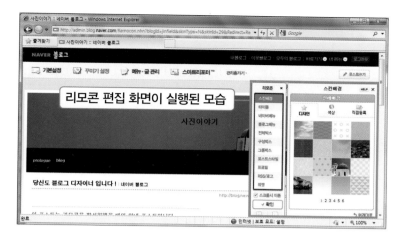

04 모든 항목을 사용자가 단계별로 수정할 수 있는 리모콘 편집 화면이 나옵니다.

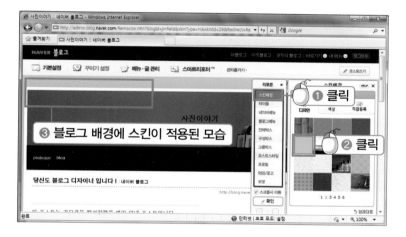

05 리모콘 항목에서 원하는 스킨을 선택하여 적용합니다.

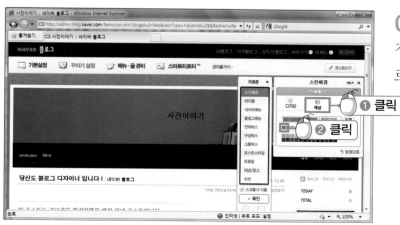

06 스킨의 배경을 색상으로 적용하고 싶을 경우는 [색상] 메뉴를 선택하고 원하는 색상으로 적용합니다.

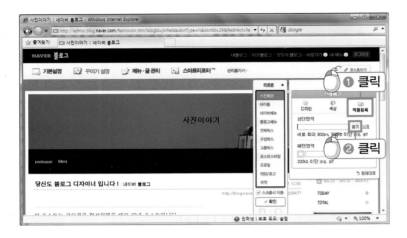

07 [직접 등록] 메뉴를 통해 사용자의 사진으로 배경 스킨을 적용할 수도 있습니다. [찾기] 메뉴를 클릭합니다.

08 이미지 첨부 대화상자에서 [찾아보기] 버튼을 클릭합니다.

09 원하는 이미지를 선택하고 [열기] 버튼을 클릭합니다.

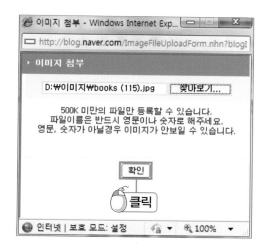

10 이미지 첨부 대화상자에서 [확인] 버튼을 클릭합니다.

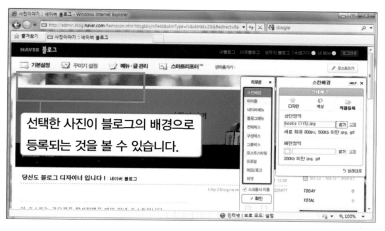

11 블로그 배경에 선택한 이미지가 적용된 것을 볼 수 있습니다.

02 타이틀 디자인하기

타이틀 디자인 메뉴는 블로그 타이틀 영역의 높이 및 디자인을 설정할 수 있고 타이틀 글씨에 대한 크기, 색상, 글씨 숨기기 기능 등을 제공하는 메뉴입니다.

01 리모콘에서 [타이틀] 메뉴를 클릭합니다.

02 타이틀의 높이를 설정합니다. '160px'로 입력하고 [적용] 버튼을 클릭합니다.

타이틀 디자인의 높이는 타이틀 사진에 따라 다르게 표현됩니다. 디자인의 높이를 먼저 결정하기보다는 타이틀 배경 이미지를 먼저 디자인하고 거기에 맞게 높이를 결정하는 것이 좋습니다.

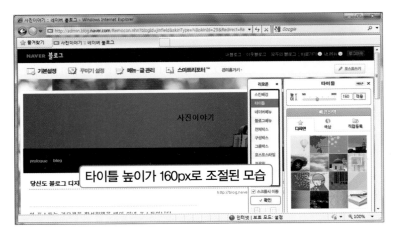

03 타이틀의 높이가 줄어든 것을 확인합니다.

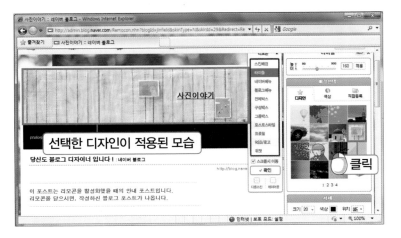

04 타이틀 배경을 변경하고 싶은 경우 배경 선택 창에서 원하는 디자인을 선택합니다.

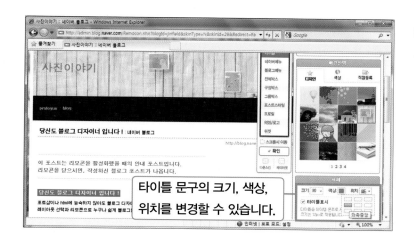

05 타이틀 배경 디자인을 마친 후에 타이틀 글자의 크기, 색상, 위치를 변경합니다.

타이틀을 표시하고 싶지 않은 경우는 타이틀 표시 체크 항목을 해제합니다.

03 네이버메뉴 디자인 변경하기

네이버메뉴는 네이버 블로그 화면의 오른쪽 상단에 있는 네이버 기본 메뉴를 설정하는 곳입니다. 블로그 스킨의 배경을 변경한 경우 네이버 기본 메뉴가 안 보이는 경우가 있기 때문에 현재 설정한 디자인에 맞게 네이버메뉴도 다시 변경해 주어야 합니다.

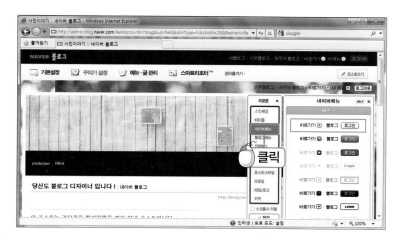

01 네이버메뉴 항목을 변경하기 위해 리모콘에서 [네이버메뉴]를 클릭합니다.

02 변경할 네이버메뉴 디자인을 선택합니다.

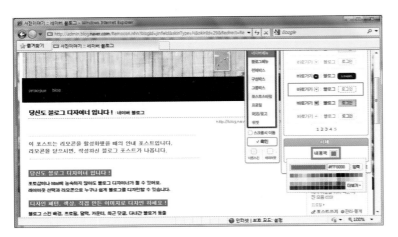

03 선택한 디자인의 내용 색상을 변경하기 위해 서체 내용색 항목에서 원하는 색상을 선택합니다.

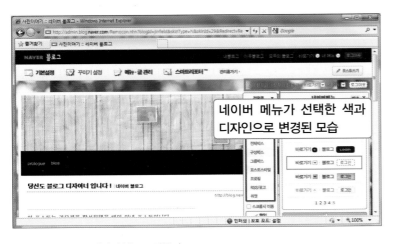

04 네이버메뉴 디자인이 선택된 색으로 변경된 것을 확인합니다.

04 블로그메뉴 디자인하기

블로그메뉴는 블로그 화면의 메인 메뉴입니다. 선택한 블로그 스킨과 어울리는 메뉴로 구성해야 블로그 전체 분위기를 살릴 수 있습니다.

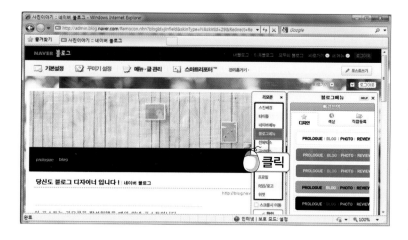

01 블로그메뉴를 디자인하기 위해 리모콘 항목에서 [블로그메뉴]를 클릭합니다.

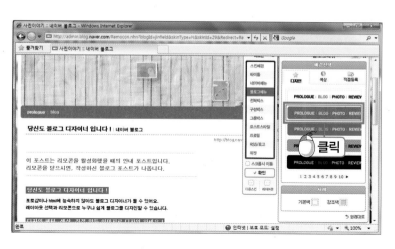

02 메뉴 항목에서 원하는 메뉴를 클릭하면 블로그 메뉴에 디자인이 적용되는 것을 볼 수 있습니다.

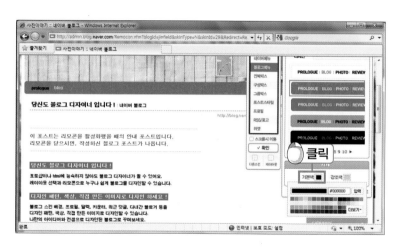

03 기본색 항목을 검정으로 설정합니다. 기본색 항목은 메뉴에서 선택되지 않은 메뉴를 말합니다.

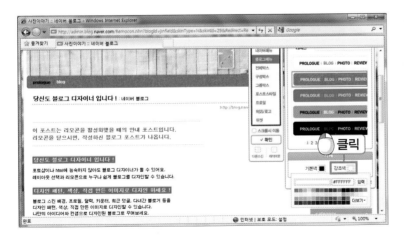

04 강조색을 흰색으로 설정합니다. 강조색은 선택된 메뉴를 말합니다.

05 지금까지 변경한 디자인을 적용하고 저장하기 위해 [확인] 버튼을 클릭합니다.

> 리모콘 기능을 활용하여 디자인을 계속적으로 변경할 것이라면 지금 확인 버튼을 클릭하지 않아도 됩니다. 모든 디자인이 완료된 후에 한 번만 확인을 클릭해도 됩니다.

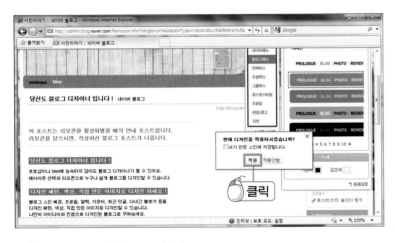

06 '현재 디자인을 적용하시겠습니까?'라고 묻는 대화상자에서 [적용] 버튼을 클릭하여 설정한 디자인을 적용합니다.

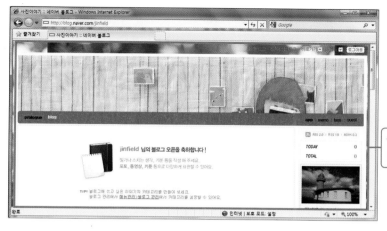

07 블로그에 적용한 디자인이 설정된 모습을 확인할 수 있습니다.

> 블로그에 전체적으로 적용한 디자인이 설정된 모습

05 전체/구성/그룹박스 설정하기

블로그를 구성하는 3가지 박스입니다. 블로그 전체를 담당하는 전체박스, 각각의 구성을 담당하는 구성박스, 구성박스를 묶어주는 그룹박스 등이 네이버 블로그에 사용됩니다. 각각의 박스를 설정하여 블로그와 어울리게 구성합니다.

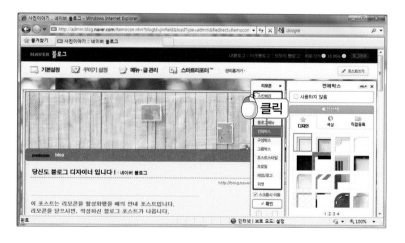

01 전체박스 항목을 설정하기 위해 리모콘에서 [전체박스] 메뉴를 클릭합니다.

02 전체박스에서 원하는 디자인을 클릭합니다. 블로그 외곽에 전체박스 디자인이 적용되는 것을 볼 수 있습니다.

> 박스별로 외곽을 구성하거나 색을 채우면 답답해 보일 수 있습니다.

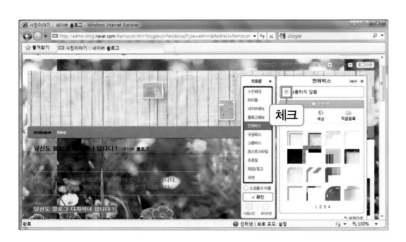

03 전체박스 기능을 사용하지 않고 배경을 투명하게 처리할 경우는 전체박스 '사용하지 않음'에 체크합니다.

04 구성박스 기능을 사용하기 위해 리모콘에서 [구성박스]를 클릭하고 원하는 디자인을 선택합니다.

> 카테고리 및 사용자 메뉴의 디자인을 설정하는 메뉴입니다.

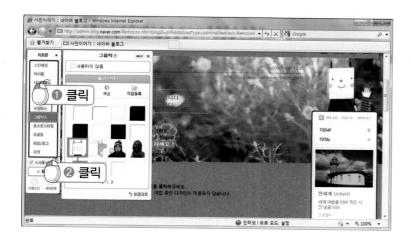

05 이번에는 그룹박스를 설정하기 위해 리모콘에서 [그룹박스] 메뉴를 클릭합니다.

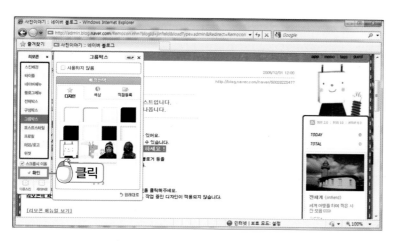

06 전체박스, 구성박스, 그룹박스에서 설정한 디자인을 저장하기 위해 리모콘에서 [확인] 버튼을 클릭합니다.

07 블로그에 적용한 디자인이 설정된 모습을 확인할 수 있습니다.

블로그에 설정한 디자인이
적용된 모습을 확인합니다.

06 포스트 스타일 설정하기

포스트 스타일은 블로그에 올리는 글의 스타일을 말합니다. 대표적으로 제목, 내용, 덧글의 스타일을 설정할 수 있습니다. 블로그에서 제일 중요한 것은 블로그에 올리는 글이 되기 때문에 방문자가 편안하게 읽을 수 있도록 디자인을 하는 것이 중요합니다.

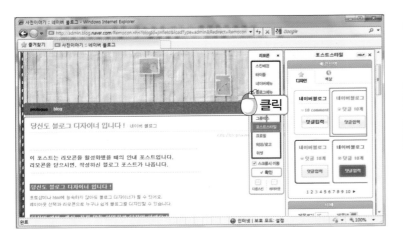

01 리모콘 메뉴에서 [포스트 스타일] 메뉴를 클릭합니다.

> 포스트 스타일은 블로그에 올리는 글의 스타일을 말합니다. 방문자가 편안하게 읽을 수 있는 스타일을 선택해 주는 것이 중요합니다.

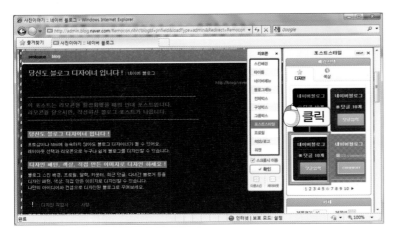

02 포스트 스타일에서 원하는 스타일을 선택합니다.

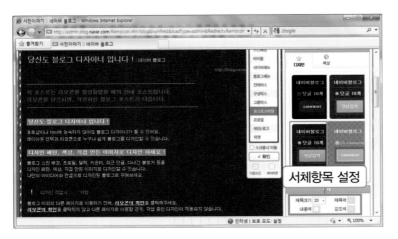

03 서체 항목에서 제목크기, 제목색, 내용색, 강조색 등을 설정합니다.

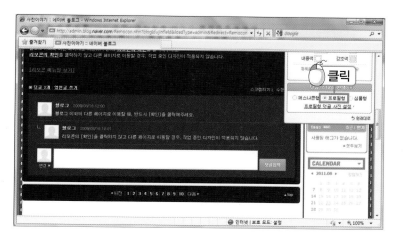

04 덧글 형식을 설정합니다. 여기에서는 '프로필형'으로 선택합니다.

개인 프로필로 설정해 놓은 이미지가 덧글 쓸 때 옆에 오는 것을 볼 수 있습니다.

07 프로필 설정하기

블로그의 프로필 항목을 설정하는 기능입니다. 리모콘의 프로필 메뉴를 통해 다양한 디자인을 할 수 있습니다. 개인 소개 및 사진과 어울릴 수 있는 디자인으로 설정해 주세요.

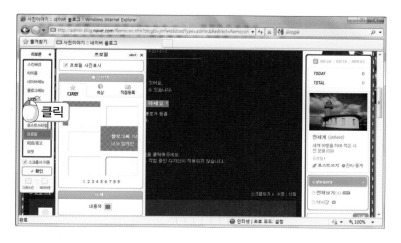

01 리모콘 메뉴에서 [프로필] 메뉴를 클릭합니다.

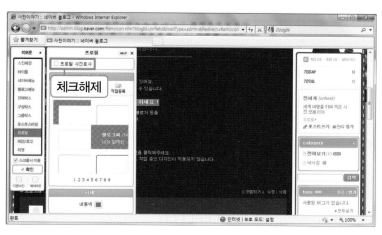

02 '프로필 사진표시' 항목의 체크를 없애면 블로그 화면에서 프로필 사진이 감춰집니다.

03 프로필 항목의 외곽을 디자인하기 위해 [배경선택] 메뉴에서 원하는 배경을 선택합니다.

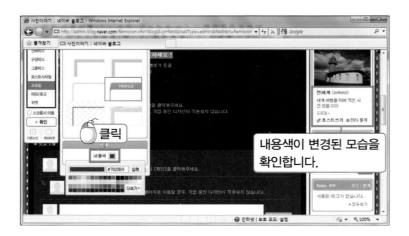

내용색이 변경된 모습을 확인합니다.

04 서체항목에서 '내용색'을 설정합니다. 오른쪽 프로필의 내용 글자색이 변경되는 것을 볼 수 있습니다.

08 RSS와 로고 설정하기

RSS는 'Really Simple Syndication'의 머리글자를 딴 말입니다. 자주 업데이트되는 웹 사이트의 새로운 콘텐츠를 사이트 이용자들에게 제공하기 위해 사용하는 포맷입니다. Rss와 네이버 로고의 디자인을 설정해 봅니다.

01 RSS와 로고 디자인을 위해 리모콘에서 [RSS/로고]를 클릭합니다.

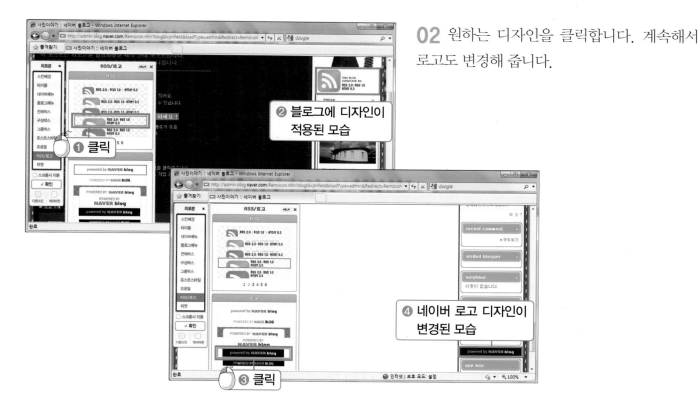

02 원하는 디자인을 클릭합니다. 계속해서 로고도 변경해 줍니다.

❷ 블로그에 디자인이 적용된 모습

❹ 네이버 로고 디자인이 변경된 모습

09 위젯 디자인 변경하기

앞에서 추가했던 위젯을 디자인할 수 있는 항목입니다. 디자인하기를 원하는 위젯을 선택하고 블로그와 어울릴 수 있도록 디자인을 설정합니다.

01 위젯 디자인을 변경하기 위해 리모콘에서 [위젯] 메뉴를 클릭합니다.

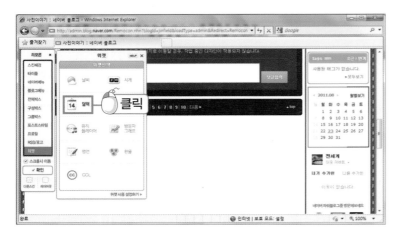

02 위젯 선택 항목에서 [달력] 위젯을 클릭합니다.

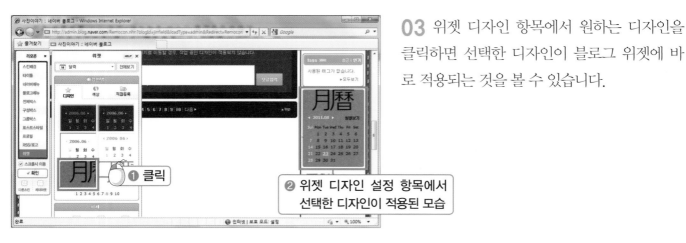

03 위젯 디자인 항목에서 원하는 디자인을 클릭하면 선택한 디자인이 블로그 위젯에 바로 적용되는 것을 볼 수 있습니다.

❷ 위젯 디자인 설정 항목에서
선택한 디자인이 적용된 모습

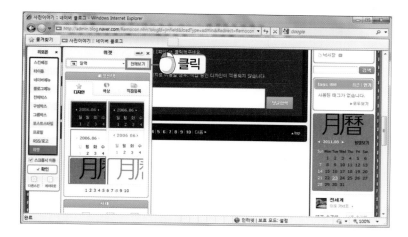

04 다른 위젯도 추가하기 위해 [전체보기] 메뉴를 클릭합니다.

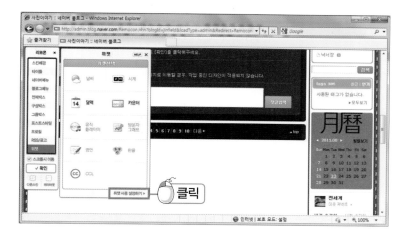

05 위젯에서 [위젯 사용설정] 메뉴를 클릭합니다.

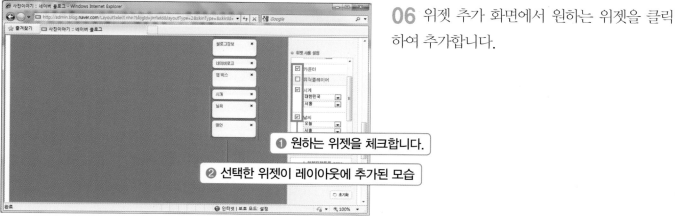

06 위젯 추가 화면에서 원하는 위젯을 클릭하여 추가합니다.

❶ 원하는 위젯을 체크합니다.

❷ 선택한 위젯이 레이아웃에 추가된 모습

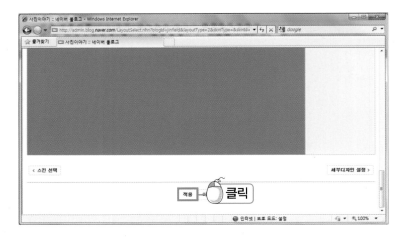

07 레이아웃 편집 화면의 하단에 있는 [적용] 버튼을 클릭하여 위젯을 추가합니다.

08 위와 같은 방법으로 위젯 디자인을 설정합니다. 디자인 설정이 완료되면 [확인] 버튼을 클릭하여 블로그에서 확인합니다.

❷ 위젯 디자인이 설정된 모습

04
Chapter

블로그
카테고리 만들기

블로그의 메뉴를 구성할 차례입니다. 블로그 메뉴는 대분류와 중분류로
구성할 수가 있으며 메뉴를 구성할 때는 테마가 있는 것이 좋습니다.

01 기본 메뉴 만들기

기본 메뉴는 중분류로만 만들어진 메뉴를 말합니다. 사용자가 원하는 메뉴를 대분류 없이 나열하는 형태입니다. 메뉴가 많지 않을 때 많이 사용하는 방식입니다.

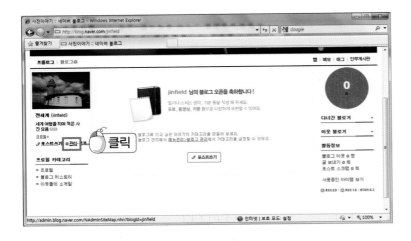

01 카테고리를 구성하기 위해 [관리] 메뉴를 클릭합니다.

02 메뉴 관리 설정 항목에서 [블로그]를 클릭합니다.

03 카테고리를 추가하기 위해 [카테고리 추가] 메뉴를 클릭합니다.

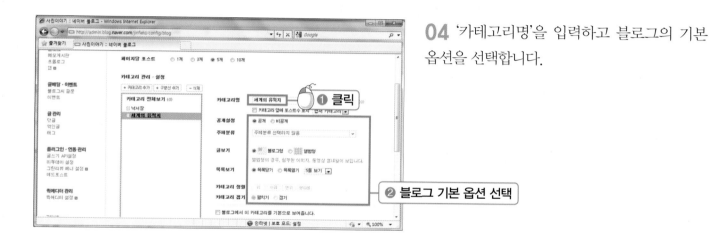

04 '카테고리명'을 입력하고 블로그의 기본 옵션을 선택합니다.

05 같은 방법으로 카테고리를 등록합니다. [카테고리 전체보기] 메뉴를 클릭한 다음 [카테고리 추가] 메뉴를 클릭합니다.

06 아래와 같이 원하는 카테고리를 만듭니다.

07 화면의 하단에 있는 [확인] 버튼을 클릭합니다.

---

02 그룹과 구분선이 있는 메뉴 만들기

그룹이 있는 카테고리의 경우는 대분류를 만들고 중분류를 구성하는 방식입니다. 대분류를 기준으로 메뉴를 구분선으로 구분하여 표시할 수도 있습니다.

01 블로그 관리자 페이지에서 [카테고리 추가] 메뉴를 클릭합니다.

02 카테고리 이름을 '테마여행'으로 입력합니다.

03 테마여행을 드래그하여 맨 위로 올려줍니다.

04 테마여행 메뉴가 맨 위로 올라온 것을 볼 수 있습니다. 다른 메뉴들을 테마여행의 하위 메뉴로 지정하기 위해 드래그하여 밑으로 적용합니다.

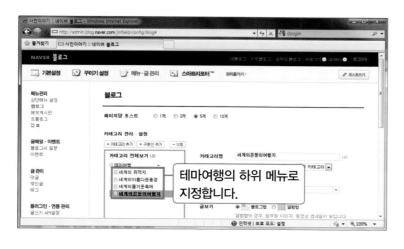

05 테마여행 그룹으로 세계여행 메뉴가 들어간 것을 볼 수 있습니다.

06 [카테고리 전체보기]를 클릭한 다음 [카테고리 추가] 메뉴를 클릭합니다.

07 '휴식' 메뉴를 만든 후에 이번에는 휴식 메뉴가 선택되어 있을 때 [카테고리 추가] 메뉴를 클릭합니다.

08 '여행자의음악' 카테고리를 만듭니다.

09 [휴식] 메뉴를 클릭하고 [카테고리 추가] 메뉴를 클릭합니다.

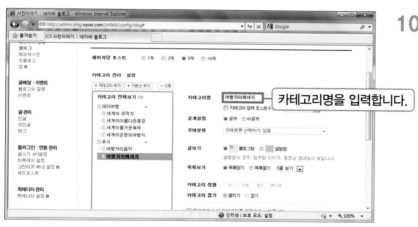

10 '여행자의메시지' 메뉴를 추가합니다.

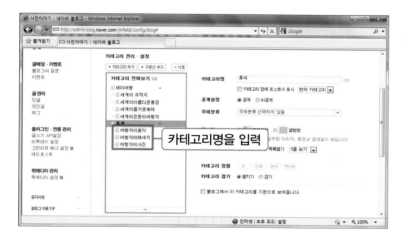

11 같은 방법으로 그림과 같이 메뉴를 완성합니다.

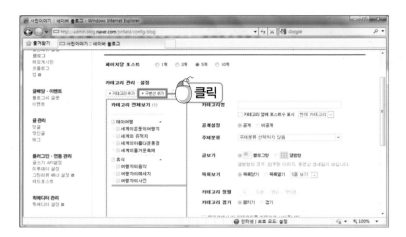

12 그룹별로 구분선을 넣기 위해 [구분선 추가] 버튼을 클릭합니다.

13 [확인] 버튼을 클릭하여 메뉴를 완성합니다.

14 화면의 상단에 있는 [내블로그] 메뉴를 클릭하고 블로그 홈으로 이동한 후에 카테고리가 추가된 것을 확인합니다.

카테고리를 관리자 페이지에서 추가했는데 블로그에 나오지 않는 것은 블로그에 쓴 글이 하나도 없기 때문입니다. [포스트 쓰기] 버튼을 클릭한 후에 글을 쓰고 등록하면 추가한 카테고리를 볼 수 있습니다.

05
Chapter

블로그에 글쓰기

블로그에 글을 쓰는 방법에는 일반글을 등록하는 방법과 사진, 음악, 파일, 소스 등을 함께 등록하는 방법이 있습니다. 기본 글쓰기 단계부터 첨부파일과 함께 등록하는 방법까지 전체적으로 살펴보겠습니다.

01 기본글 쓰기

블로그 사용자가 글쓰기 버튼을 클릭하여 다른 옵션을 선택하지 않고 글을 쓰는 상황이 기본글 쓰기에 해당합니다. 기본 모드에서는 글을 바로 편집할 수 있는 에디터 모드를 지원합니다.

01 블로그 기본글을 올리기 위해 [포스트 쓰기] 메뉴를 클릭합니다.

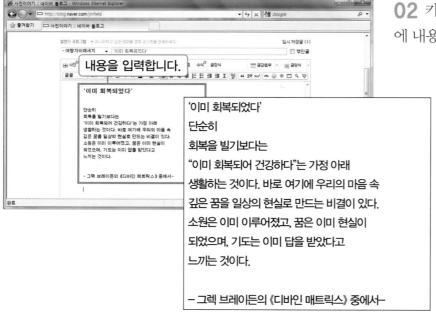

02 카테고리를 선택하고 제목을 입력한 후에 내용을 입력합니다.

'이미 회복되었다'

단순히

회복을 빌기보다는

"이미 회복되어 건강하다"는 가정 아래

생활하는 것이다. 바로 여기에 우리의 마음 속

깊은 꿈을 일상의 현실로 만드는 비결이 있다.

소원은 이미 이루어졌고, 꿈은 이미 현실이

되었으며, 기도는 이미 답을 받았다고

느끼는 것이다.

– 그렉 브레이든의 《디바인 매트릭스》 중에서–

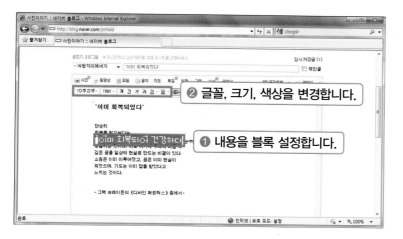

03 입력한 내용을 편집합니다. 편집을 원하는 부분을 블록 설정하고 글꼴, 크기, 색상을 변경합니다.

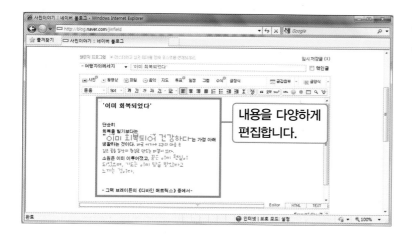

04 다른 문구도 블록 설정하여 내용을 편집합니다.

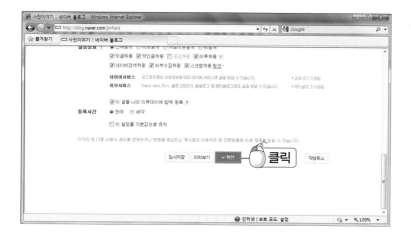

05 화면의 하단에 있는 [확인] 버튼을 클릭하여 완료합니다.

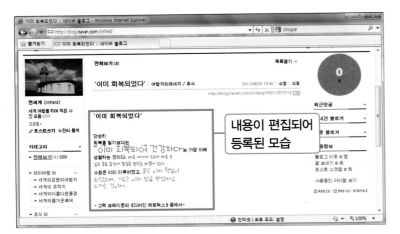

06 내용이 등록된 것을 확인할 수 있습니다.

내용이 편집되어
등록된 모습

---

02 사진 올리기

블로그에 사진을 함께 등록하기를 원하는 사용자가 많이 늘었습니다. 전에는 텍스트 위주로 스토리가 만들어졌다면 요즘은 사진이 빠지면 뭔가 허전할 정도로 사진이 차지하는 비중이 커진 것 같습니다.

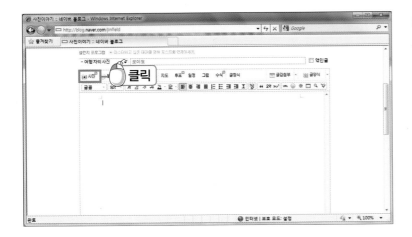

01 사진을 올리기 위해 [포스트 쓰기]를 클릭하고 '카테고리'와 '제목'을 입력한 후에 [사진] 버튼을 클릭합니다.

클릭

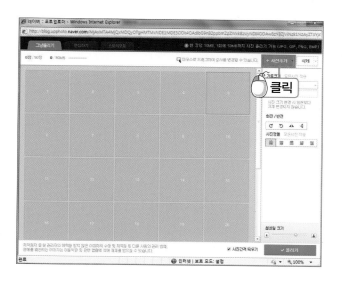

02 사진 올리기 대화상자에서 [사진추가] 버튼을 클릭합니다.

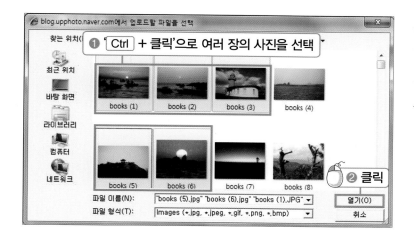

03 사진을 선택합니다. 여러 장의 사진을 한 번에 등록하기 위해 'Ctrl + 클릭'으로 여러 장의 사진을 선택합니다. 선택한 후에 열기 버튼을 클릭합니다.

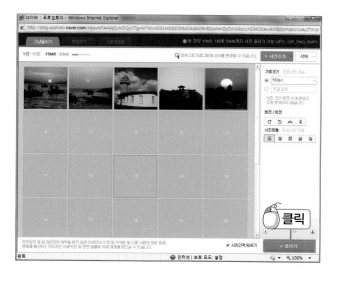

04 사진이 업로더 창에 등록된 것을 볼 수 있습니다. [올리기] 버튼을 클릭합니다.

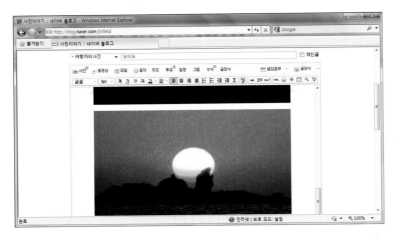

05 하나의 포스트 안에 여러 장의 사진이 등록되는 것을 볼 수 있습니다.

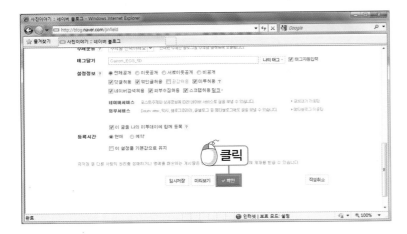

06 화면 하단의 [확인] 버튼을 클릭하여 내용을 등록합니다.

07 여러 장의 사진이 한 번에 등록된 것을 볼 수 있습니다.

03 사진을 편집하여 올리기

블로그에 사진을 편집하여 올리고 싶을 때 예전에는 사진을 포토샵이나 편집 프로그램을 통해 편집한 후에 올렸습니다. 하지만 요즘은 블로그 자체에서 사진 편집 기능이 제공되기 때문에 어느 정도는 편집하여 올리는 것이 가능합니다.

01 사진을 추가하는 단계와 앞에서 실습한 내용이 같습니다. [사진추가] 버튼을 클릭하여 사진 업로드 창에 사진을 불러옵니다.

02 포토 업로드 창에서 [편집하기] 메뉴를 클릭합니다. 편집 화면에서 [보정] 메뉴를 클릭합니다.

03 사진에 맞게 밝기와 채도를 조절합니다.

옵션 슬라이드를 드래그하며
원하는 색상으로 만듭니다.

04 두 번째 사진을 선택하고 [효과] 메뉴를 클릭합니다.

❶ 클릭

❷ 클릭

05 여러 효과 중에 '안개유리'를 적용해 봅니다.

클릭

훈수 한마디

사진의 다양한 효과 미리보기

▲ 뽀샤시

▲ 선명하게

▲ 부드럽게

▲ 필름

▲ 신문지

▲ 안개유리

▲ 흑백

▲ 세피아

06 세 번째 사진을 선택한 후에 '좌우반전' 메뉴를 클릭하여 사진을 반전해 봅니다.

07 네 번째 사진을 선택하고 [액자] 메뉴를 클릭하여 원하는 액자 효과를 적용합니다.

08 다섯 번째 사진을 선택한 후에 '스티커' 메뉴를 클릭하고 원하는 스티커를 적용하여 사진을 꾸밉니다.

09 말풍선 버튼을 클릭하여 말풍선을 추가합니다.

10 [올리기] 버튼을 클릭하여 편집한 사진을 올립니다.

11 [확인] 버튼을 클릭하여 등록을 완료합니다. 편집한 사진이 등록된 것을 볼 수 있습니다.

04 | 스토리 포토로 슬라이드 작품 만들기

스토리 포토 기능을 활용하면 다른 전문적인 프로그램에서 가능했던 슬라이드, 나열, 관계, 레이아웃 등의 디자인을 손쉽게 구현할 수 있습니다.

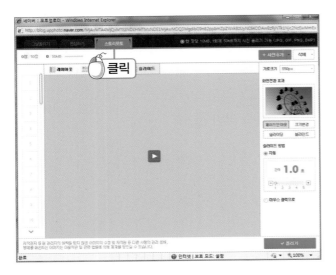

01 [스토리 포토] 메뉴를 클릭합니다.

02 [사진추가] 버튼을 클릭하여 사진을 추가합니다. 사진 효과 중에 [슬라이드] 메뉴를 선택하고 [재생] 버튼을 클릭합니다.

사진의 다양한 효과 미리보기

페이드 효과 : 사진이 흐려지면서 다음
사진을 보여주는 효과

크기변경 효과 : 사진이 커지거나 작아지면
서 다음 사진을 보여주는 효과

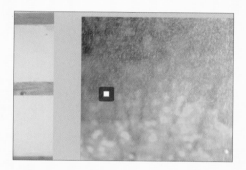

슬라이딩 효과 : 사진이 왼쪽으로 사라지면서
오른쪽에서 새로운 사진이 나오는 효과

블라인드 효과 : 블라인드처럼 사진이 사라지면서
다음 사진이 등장하는 효과

03 사진 효과가 적용된 것을 볼 수 있습니다.

04 스토리 포토 기능 중에 이번에는 [관계] 버튼을 클릭
합니다. [예] 버튼을 클릭합니다.

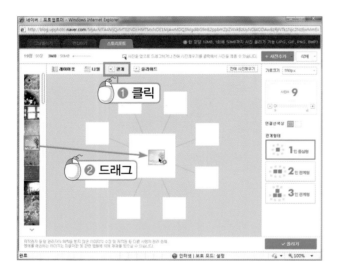

05 항목 중에 [관계] 메뉴를 클릭하고 사진을 드래그하
여 관계 구조에 올려놓습니다.

> 관계의 형태는 1인 중심형, 2인 관계형, 3인 관계형
> 이 있습니다. 다양한 형태로 관계형 그래프를 작성해 봅
> 니다.

06 관계형에 사진을 모두 드래그하여 채우면 관계형 편
집이 완료됩니다.

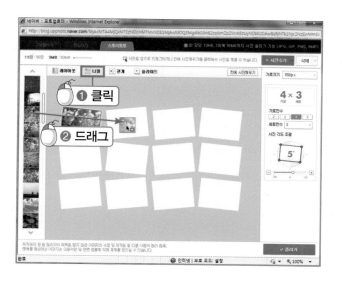

07 [나열] 메뉴를 클릭합니다. [나열] 메뉴도 같은 방법으로 사진을 드래그하여 채워줍니다.

08 사진의 개수와 크기 등을 자유롭게 조절하여 제작할 수 있습니다.

> 사진을 배열할 때 오른쪽에 있는 사진 각도 조절 메뉴를 활용하여 사진의 각도를 더 다양하게 조절할 수 있습니다.

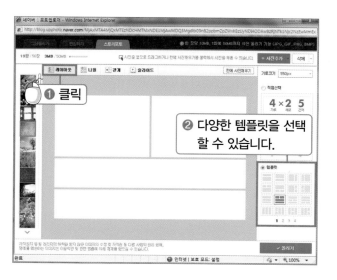

09 [레이아웃] 메뉴를 클릭하여 다양한 템플릿을 확인합니다.

10 앞에서 진행했던 방법과 같은 방법으로 드래그하여 사진을 채웁니다.

11 최종 등록하기 위해 [슬라이드] 메뉴를 클릭하고 [올리기]를 클릭하여 등록합니다.

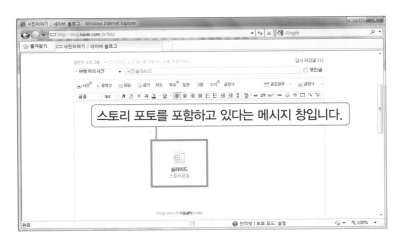

12 내용에 [스토리포토] 배너가 나오는 것을 볼 수 있습니다.

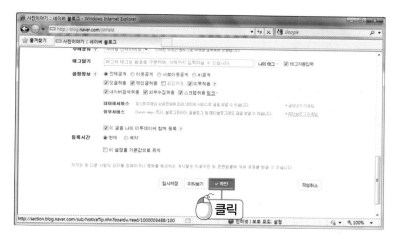

13 화면의 하단에서 [확인] 버튼을 클릭합니다.

14 슬라이드 쇼가 진행되는 것을 볼 수 있습니다.

05 동영상 올리기

블로그에 동영상을 올리기 위해서는 동영상 메뉴를 클릭하여 올릴 수 있습니다. 현재는 100MB까지 지원하며 100MB가 넘는 경우는 파일을 자르기 하여 올릴 수가 있습니다.

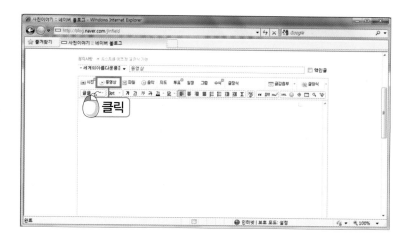

01 카테고리와 제목을 입력하고 [동영상] 버튼을 클릭합니다.

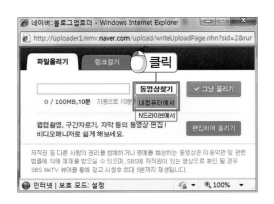

02 블로그 업로더 창의 [동영상 찾기] 메뉴에서 [내컴퓨터에서]를 클릭합니다.

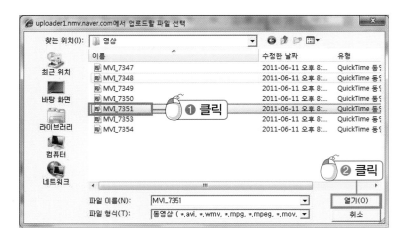

03 동영상을 하나 선택하고 [열기] 버튼을 클릭합니다.

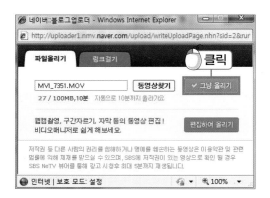

04 [그냥 올리기] 버튼을 클릭합니다.

05 동영상 파일의 표지가 될 이미지를 선택하고 [올리기 완료] 버튼을 클릭합니다.

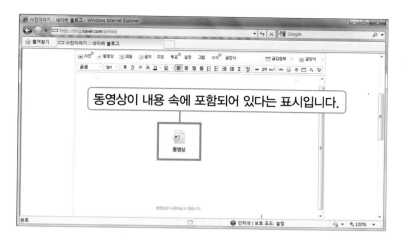

06 동영상 파일이 내용 입력창에 적용되었다는 표시를 확인하고 화면의 하단에 있는 [확인] 버튼을 클릭하여 동영상을 등록합니다.

07 동영상이 등록된 것을 볼 수 있습니다.

06 동영상 편집하여 올리기

네이버에서는 동영상을 편집할 수 있는 기능을 제공합니다. 동영상을 바로 올리기보다는 편집 기능을 활용하여 자막 및 스킨을 적용하여 실습을 진행하겠습니다.

01 동영상 파일을 선택합니다. [편집하여 올리기] 메뉴를 클릭합니다.

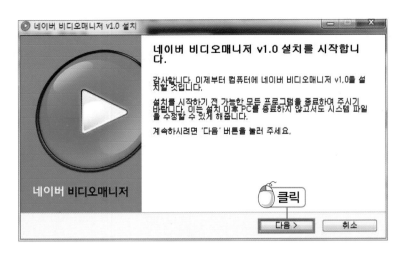

02 네이버 비디오 매니저를 설치합니다. [다음] 버튼을 클릭합니다.

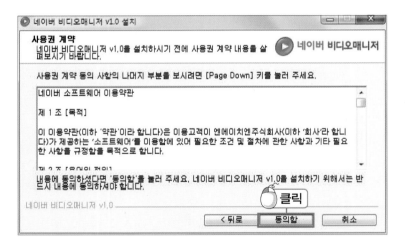

03 사용권 계약 화면에서 '동의함'을 클릭합니다.

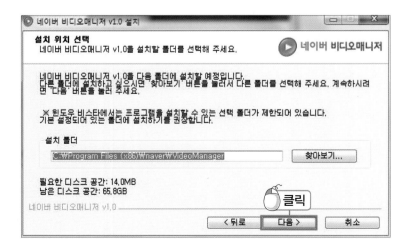

04 설치 위치 선택 화면에서 [다음] 버튼을 클릭합니다.

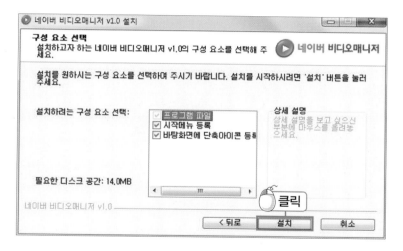

05 구성 요소 선택 화면에서 [설치] 버튼을 클릭합니다.

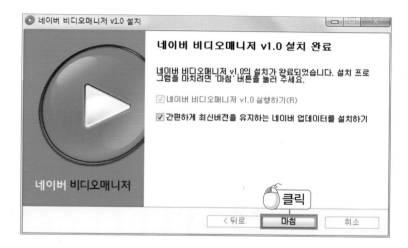

06 설치완료 메시지 창에서 [마침]을 클릭합니다.

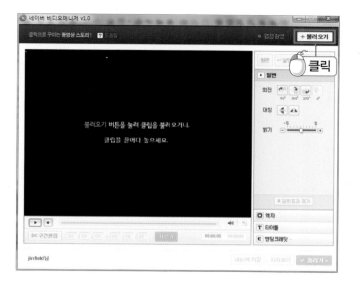

07 네이버 비디오 매니저 화면에서 [불러오기] 버튼을 클릭합니다.

08 동영상 편집 화면에서 필요 없는 부분을 자르기 위해 [구간편집] 버튼을 클릭합니다.

09 동영상에서 남기고자 하는 영역을 선택합니다. 시작점과 끝점의 영역을 선택하고 [자르기] 버튼을 클릭합니다.

시작점의 이전 영상은 지워집니다. 그리고 끝점의 이후 영상도 지워집니다.

10 선택한 영역만 남고 나머지 부분은 잘려진 것을 볼 수 있습니다.

11 액자 메뉴를 클릭하여 동영상에 [액자]를 설정합니다.

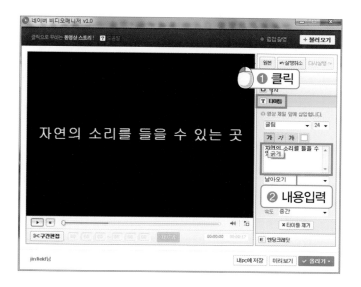

12 타이틀을 제작하기 위해 [타이틀]을 클릭하고 내용을 입력합니다.

13 엔딩크레딧을 만들기 위해 [엔딩크레딧]을 클릭하고 삽입할 내용을 입력합니다. [올리기] 버튼을 클릭합니다.

14 블로그업로더 창에서 표지에 사용할 영상 컷을 하나 선택하고 [올리기 완료] 버튼을 클릭합니다.

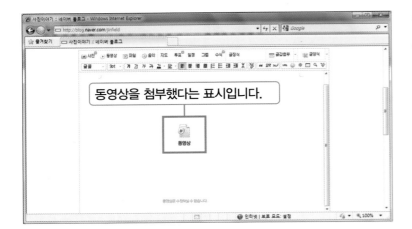

15 내용 입력창에 동영상이 등록된 것을 확인합니다.

16 편집한 동영상이 등록된 것을 확인합니다.

07 첨부파일 올리기

블로그에 글을 쓸 때 파일을 함께 올릴 수 있습니다. 올린 파일은 사용자들이 다운받을 수도 있으며
다양한 형식의 파일을 첨부할 수 있습니다.

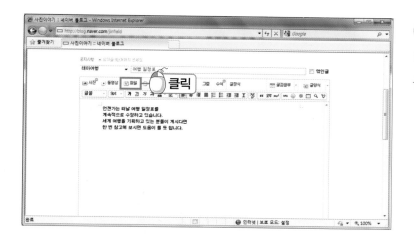

01 [포스트 쓰기] 버튼을 클릭한 후에 카테고
리와 제목, 내용을 입력한 후에 [파일] 버튼을
클릭합니다.

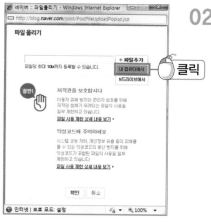

02 파일 올리기 창에서 [파일추가] 메뉴의 [내 컴퓨터에서]를 선택합니다.

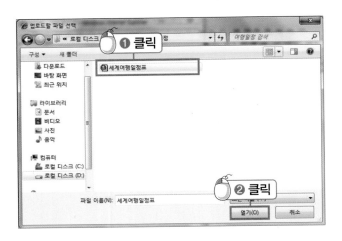

03 첨부할 파일을 선택한 후에 [열기] 버튼을 클릭합니다.

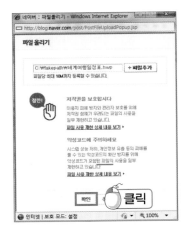

04 [확인] 버튼을 클릭합니다.

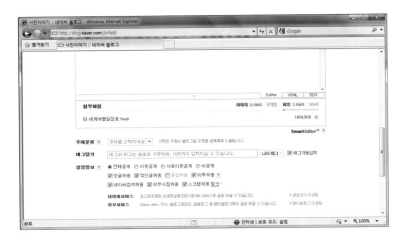

05 파일 첨부 항목에 등록한 파일이 있는지 확인하고 화면의 하단에 있는 [확인] 버튼을 클릭하여 포스트를 등록합니다.

06 등록된 글에서 첨부파일을 확인해 봅니다.

Part 03

트위터 즐기기

인터넷에 블로그라는 자신만의 공간을 만들었다면 이번에는 나의 이야기를 세상에 들려줄 차례입니다. 트위터를 통해 어떻게 세상과 소통하는지에 대해 알아보겠습니다.

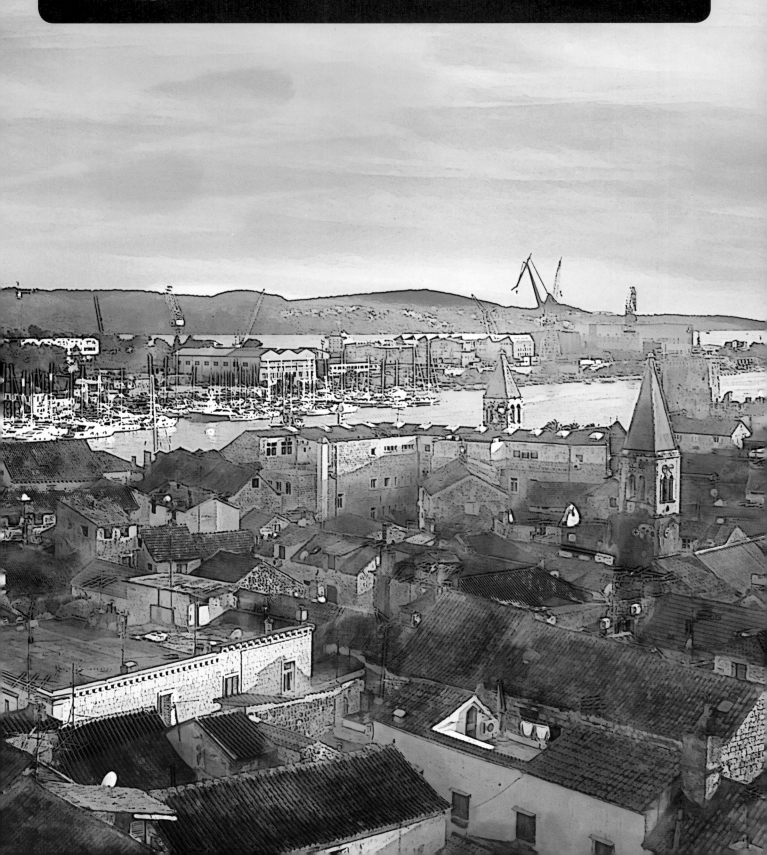

트위터 시작하기

스마트폰이 급속도로 확산되면서 SNS란 말을 많이 듣게 되셨을 겁니다. 하지만 'SNS'가 줄임말이다 보니 무슨 말인지도 모르겠고 막상 시작하려니 막연하고 어렵게만 느끼셨을 것입니다. 트위터를 공부하기 전에 먼저 SNS란 무엇인지에 대한 개념부터 알아보도록 하겠습니다.

01 세상과 소통하는 SNS

우리가 지금부터 공부할 트위터는 SNS의 한 종류입니다. 그럼 SNS란 무엇일까요?

SNS는 소셜 네트워크 서비스(Social Network Service)의 줄임말입니다. 즉, 우리말로는 '사회적 관계 서비스'가 됩니다. 이는 인터넷을 통해 새로운 인맥을 쌓거나 친구, 선후배, 동료 등 지인과의 관계를 강화시키는 활동을 일컫는 말입니다. 다시 말해서 인터넷을 통해 인간관계를 형성할 수 있도록 해주는 서비스를 뜻합니다. 이러한 SNS에는 여러 가지가 있습니다. 운영하는 곳이 다를 뿐 거의 모든 SNS들은 서로 성격이 비슷합니다.

▲ 트위터(http://twitter.com)

▲ 페이스북(http://www.facebook.com)

▲ 미투데이(http://me2day.net)

▲ 요즘(http://yozm.daum.net)

02 트위터는 블로그나 카페보다도 쉽다

"선생님 정말 놀라워요! 오랜만에 트위터에 접속해 봤는데 아이가 많은 글을 남겼네요. 그동안에 대화 한 번 없었지만 이렇게 트위터를 통해 서로 팔로잉을 하고 어떤 생각을 하고 있고 어떤 관심을 갖고 있는지만 알 수 있어도 저는 성공이에요. 정말 큰 것을 얻었네요."

얼마 전에 있었던 이야기입니다. 새로운 것에 도전하고 알아간다는 것은 우리 삶에 변화가 일어난다는 이야기와 같습니다. 한 걸음씩의 작은 변화! 그것이 우리 삶에 활력소가 되는 것이죠. 이런 삶의 변화를 이끌어 내는 트위터 사용자 되기!

트위터는 사실 가입만 하면 바로 이용할 수 있는 매우 간단하고 편리한 서비스입니다. 블로그나 카페보다 쉽게 운영할 수 있지요. 그럼 카페나 블로그, 트위터의 특징과 차이점을 간략히 설명해 보겠습니다.

▲ 카페

▲ 블로그

먼저 카페는 동일한 취미나 목표가 있는 사람들이 모여 이야기를 나누는 곳입니다. 카페를 운영하려면 주제를 정하고 그 주제에 맞는 메뉴를 만들어 어떤 포스팅을 할 것인가를 고민하게 됩니다. 운영자 입장이라면 회원들을 위해 어떤 자료를 채워야 한다는 강박관념에 빠질 수도 있고 전문 지식을 기반으로 한 포스팅 작성에 대한 부담을 가질 수도 있습니다.

그리고 블로그는 한 마디로 말해서 나의 이야기를 담는 곳입니다. 카페와는 다르게 개인적인 공간의 의미를 갖고 있지만 계속해서 어느 정도 내용이 있는 포스팅을 해야 한다는 부담감을 갖게 됩니다.

마지막으로 트위터는 작은 새가 지저귀는 소리를 나타내는 영어 '트윗(tweet)'에서 시작된 말이며 누구나 짧은 글로 가볍게 대화할 수 있다는 의미를 갖고 있습니다. 트위터에서는 친구에게 잡담하듯이

메모장에 간단하게 기록하듯이 그저 하고 싶은 말은 짧은 문장으로 쓰기만 하면 됩니다. 원래 트위터가 그런 목적으로 만들어진 서비스이기 때문입니다. 타임라인을 통해 다른 사람들이 하는 이야기도 수시로, 실시간으로 보면서 바로바로 반응해 줄 수도 있고 입소문을 통해 뉴스나 방송보다 더 빨리 세계 곳곳에서 일어나고 있는 일들을 알 수 있는 것도 트위터의 힘입니다.

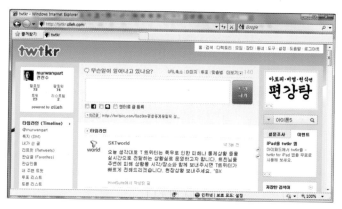

▲ 트위터

03 트위터 가입하기

원래 트위터 공식 사이트 주소는 www.twitter.com입니다. tweet는 '지저귀다'라는 뜻으로, 재잘거리듯 하고 싶은 말을 그때그때 짧게 올릴 수 있게 하자는 것이 근본 취지였기 때문에 한 번에 쓸 수 있는 글자 수도 최대 140자로 제한되어 있습니다. 하지만 글을 쓰다 보면 140자를 넘는 경우도 많고 때에 따라 사진이나 링크 정보 등 다양한 정보를 쓰고 싶은 경우가 생기게 됩니다. 이런 경우 더 편리하게 트위터를 사용할 수 있도록 하기 위해 드림위즈에서 트위터와 호환이 되는 트위커 사이트(http://twtkr.com)를 제공하고 있습니다. 트위터 공식 페이지와 달리 한글을 제공하고 있기 때문에 여러 가지로 사용하기가 더 편리하므로 이 책에서는 트위커 사이트를 통해 가입하고 트위터를 이용해 보겠습니다.

트위터에 가입할 때는 이메일 계정을 갖고 있어야 하며, 하나의 메일 계정으로 한 번 가입이 진행됩니다. 만약 트위터의 계정을 하나 이상 만들어야 할 경우는 하나 이상의 메일 계정이 있어야 합니다.

01 인터넷 익스플로러 주소 표시줄에 'http://twtkr.com'을 입력합니다. 그리고 회원 가입을 위해 [트위터 회원가입] 버튼을 클릭합니다.

트위터에 가입할 때 회원 아이디와 이름은 미리 생각해 둡니다. 아이디는 다른 사람이 기억하기 쉽고 자신을 나타낼 수 있는 아이디가 좋습니다. 이름의 경우는 닉네임을 사용해도 됩니다. 예를 들어 김연아 선수의 아이디는 '@Yunaaaa'이고, 이름은 'Yuna Kim'으로 사용하고 있습니다.

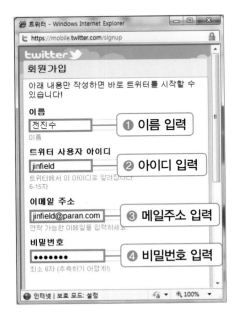

02 회원가입 페이지에서 첫 번째 단계 '이름', '아이디', '이메일 주소', '비밀번호'를 입력합니다.

메일 주소는 꼭 실제 사용하는 정확한 주소를 입력해야 합니다. 기존에 메일을 가입해 놓고 최근에 사용하지 않았다면 메일이 휴면상태에 있을 수 있으니 해당 메일로 로그인하여 메일 계정 상태를 확인한 후 가입을 진행하는 것이 좋습니다.

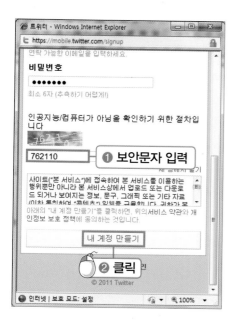

03 회원가입 두 번째 단계입니다. 컴퓨터 보안 문자를 정확히 입력하고 [내 계정 만들기] 버튼을 클릭합니다.

> 보안문자를 정확히 입력해야 합니다. 자동 가입을 방지하기 위해 만들어 놓은 장치입니다.

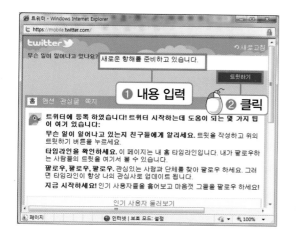

04 회원 가입을 완료하면 '무슨 일이 일어나고 있나요?'라는 질문이 나옵니다. 쓰고 싶은 간단한 이야기를 쓴 후에 [트윗하기] 버튼을 클릭하면 드디어 트위터가 시작됩니다.

> 트위터 가입을 완료한 후에 '무슨 일이 일어나고 있나요?'라는 질문을 받고 당황했을지도 모릅니다. 기억에 남는 답변은 '@han38590 니가 알아서 뭐하게 ㅋㅋ' 등 여러 가지 답변이 있었습니다.

05 회원 가입 단계가 마무리 되면 홈페이지처럼 자신의 트위터 페이지가 생성됩니다. 트위터 페이지의 주소는 'http://twtkr.com/가입한아이디'입니다. (예) http://twtkr.com/Yunaaaa

트위터 용어 정리

트위터를 자유롭게 사용하려면 트위터에서 사용되는 용어들에 대해 알아야 합니다. 트위터에서 주로 사용되는 용어들을 정리해 보겠습니다. 지금은 잘 이해가 가지 않더라도 차근차근 따라하시다 보면 용어에 익숙해질 것입니다.

타임라인(Timeline) : 내가 올린 글과 사람들이 트위터에 올리는 글들을 실시간으로 누적해 보여주는 목록과 같은 것으로, 처음 페이지 화면의 내용이 나오는 부분을 말합니다.

트윗(Tweet) : 트위터에 올리는 말을 트윗이라고 합니다.

팔로우(Follow) : '따르다'라는 영어 follow의 뜻처럼 내가 관심 있는 이야기, 관심 있는 인물의 글을 구독한다는 의미입니다. 예를 들어 김연아 선수를 팔로우하면 김연아 선수가 트위터에 올린 글을 자신의 트위터 타임라인에서 읽을 수 있게 됩니다.

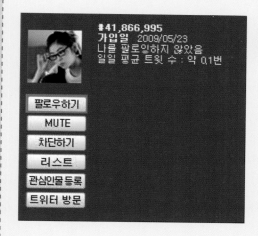

언팔로우(Unfollow) : 팔로우를 끊는다는 의미로 구독하던 상대방의 이야기가 더 이상 자신의 타임라인에 올라오지 않게 하려고 할 때 사용합니다. 많은 사람을 팔로우하다 보면 그것을 다 읽기도 벅찰 때가 있습니다. 이럴 때는 한 번씩 팔로우 상태를 정리할 필요가 있습니다. 사용자들끼리는 간단히 '언팔'이라고 말하기도 합니다.

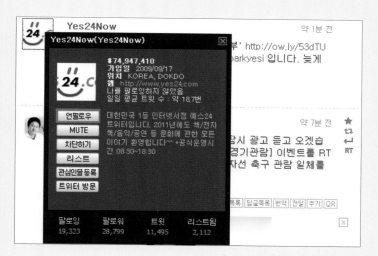

트위터가 인터넷 공간에서 주로 사용되다 보니 간단히 줄여 쓰는 형태의 용어가 많습니다. 그중에 '맞팔'이라는 것이 있는데, 이것은 트위터 사용자끼리 서로를 팔로우한다는 것을 뜻합니다. 즉, A라는 사람이 B를 팔로우한 경우 B라는 사람도 A라는 사람을 팔로우하면 A와 B는 서로 '맞팔'한다고 말합니다.

팔로잉 8,074	팔로워 779,908
트윗 4,193	리스트됨 34,703

팔로워(Followers) : 나를 따르는 사람, 즉 나의 글을 구독하는 사람을 말합니다. 예를 들어 나의 팔로워가 70만이라고 하면 자신이 쓴 글을 70만의 사람들이 타임라인을 통해 볼 수 있다는 뜻이 됩니다.

리트윗(Retweet or RT) : 자신이 구독하고 있는 내용 또는 자신의 글을 다른 사용자들에게도 알려주고 싶을 때 사용합니다. 주로 다른 사람의 글이 공감될 때나 다른 사람들도 알았으면 좋겠다고 생각할 때 사용합니다.

답글(Replies) : 구독하고 있는 글에 대한 답글을 다는 것을 말합니다. 답글을 통해 서로 대화하는 방식으로 진행되며 답글 또한 하나의 트윗으로 올라가게 됩니다.

쪽지(DM: Direct Message) : 트위터에 쓰는 글들은 누구나 볼 수 있게 되어 있습니다. 따라서 특정 사용자와 개인적으로 비밀글을 주고받고 싶을 때는 쪽지 기능을 사용합니다.

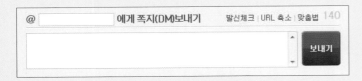

트위터 화면 구성 및 환경설정하기

트위터에 처음 접속하게 되면 만나는 화면구성을 알아보고 설정 메뉴를 통해 트위터를 사용자가 원하는 화면으로 구성을 해보겠습니다.

01 트위터 화면 구성 알아보기

트위터에 가입을 하고 나면 제일 처음으로 만나는 기본 화면입니다. 기본 화면을 정확하게 이해하고 있어야 트위터를 친숙한 나의 공간으로 만들 수 있습니다.

1. 메뉴

홈 : 트위터의 처음 화면으로 이동합니다.

검색 : 트위터의 인기 검색어, 사진, 영상 등을 찾아볼 수 있습니다.

디렉토리 : 트위터 사용자를 분야별로 구성하고 검색할 수 있는 기능을 제공합니다.

모임 : 트위터 사용자간 커뮤니티 서비스를 제공합니다.

장터 : 트위터 사용자간 중고 물품을 거래할 수 있습니다.

동네 : 실시간 랜덤 트윗, 유명인 트윗, 이미지 트윗 등 공개 트윗을 볼 수 있습니다.

도구 : 트위터의 데스크탑 클라이언트 등 각종 트위터 관련 어플리케이션을 소개합니다.

설정 : 트위터의 사용환경 설정, 개인정보 관리, 디자인 등을 설정합니다.

도움말 : 트위터 사용법에 대한 전반적 내용이 있는 곳입니다.

로그아웃 : 트위터 사이트에서 로그아웃합니다.

2. 사이드 메뉴

• 나의 정보를 보여주는 부분

팔로잉 : 저는 지금 74명을 팔로우하고 있습니다.

팔로워 : 저를 지금 팔로우하고 있는 사람들은 75명입니다.

트윗 : 저는 지금까지 트위터에 29개의 글을 올렸습니다.

리스트됨 : 기준에 따라 사용자를 다시 분류하는 기능입니다. 74명의 팔로잉 중 자주 만나는 2명을 다시 분류하였습니다.

• 트윗의 성격별로 나누어 볼 수 있게 해주는 부분

타임라인 (Timeline) : 타임라인을 보여줍니다.

@murwangart : 나에게 트윗한 글들만 보여줍니다.

쪽지 (DM) : 누군가 나에게 쪽지를 보낸 경우 그 쪽지들만 모아 보여줍니다.

내가 쓴 글 : 내가 쓴 글 목록을 보여줍니다.

리트윗 (Retweets) : 내가 리트윗한 글들만 모아 보여줍니다.

관심글 (Favorites) : 내가 관심글로 등록한 글들만 모아 보여줍니다.

관심인물 : 내가 관심인물로 등록한 사람들을 보여줍니다.

내 주변 트윗 : 지도를 통해 내 주변에 있는 트위터들의 글을 검색하는 기능입니다.

투표 리스트 : 트위터에서 진행되고 있는 인기투표 및 내가 만들었던 투표 리스트를 볼 수 있습니다.

토론 리스트 : 최근에 개설된 토론 리스트 및 내가 만든 토론 리스트를 볼 수 있습니다.

페이스북 : 페이스북과 연동하는 기능입니다.

3. 내용 입력창

트위터에 올리고 싶은 글을 쓰는 창입니다. 글뿐만 아니라 그림이나 투표 위젯 등도 올릴 수 있으며 URL 축소, 맞춤법 검사도 할 수 있습니다.

4. 타임라인

자신이 쓴 글과 자신이 팔로우하고 있는 사람들이 쓴 글을 누적해서 보여주는 목록입니다.

02 트위터 디자인 설정 및 중요기능 설정하기

트위터를 시작하기에 앞서 트위터에서 제공하는 환경설정 기능을 활용하여 사용자가 원하는 화면 구성으로 트위터를 사용할 수 있습니다.

01 트위터 메인 메뉴에서 [설정] 메뉴를 클릭합니다.

02 왼쪽에서 [디자인] 메뉴를 클릭하고 프로필 이미지에서 [찾아보기] 버튼을 클릭합니다.

03 업로드할 파일 선택 대화상자에서 프로필 사진을 선택하고 [열기] 버튼을 클릭합니다.

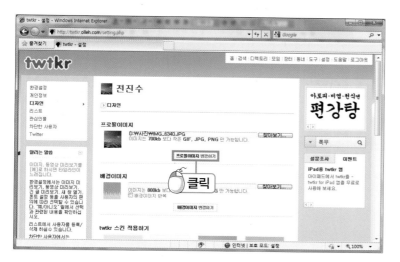

04 [프로필 이미지 변경하기] 버튼을 클릭합니다.

05 [홈] 메뉴를 클릭하면 메인 화면에 프로필 이미지가 변경된 것을 볼 수 있습니다.

Special Page

프로필이미지와 디자인을 설정하기 위한 프로그램 알아보기

트위터에서는 프로필이미지나 배경이미지를 변경하려고 할 때 이미지가 올라가지 않는 경우가 있는데, 그것은 아래의 형식을 지키지 않아서입니다.

- 프로필이미지 : 이미지는 700kb보다 작은 GIF, JPG, PNG만 가능
- 배경이미지 : 이미지는 800kb보다 작은 GIF, JPG, PNG만 가능

그렇기 때문에 포토샵이나 포토웍스, 프토스케이프 등을 활용하여 원하는 부분을 자르고 크기와 용량을 맞춰서 업로드해야 정상적으로 등록할 수 있습니다. 여기에서는 사진가들이 많이 사용하는 포토스케이프 프로그램을 활용하여 프로필이미지와 배경이미지 크기를 조절하는 방법을 알아보겠습니다.

프로필 이미지 만들기

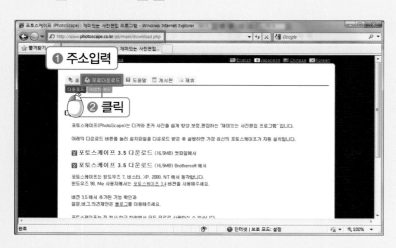

❶ 포토스케이프 홈페이지 'http://www.photoscape.co.kr'에 접속하여 [무료 다운로드] 버튼을 클릭하여 포토스케이프를 다운받아 설치합니다.

❷ 설치가 완료된 후에 바탕화면에 있는 포토스케이프 아이콘을 더블클릭하여 실행합니다.

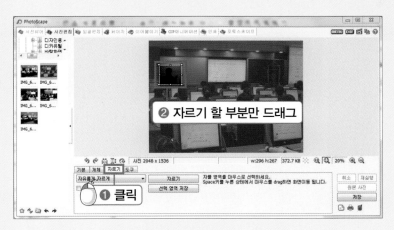

❸ 포토스케이프 프로그램의 메뉴 중에 [사진편집] 메뉴를 클릭합니다. 사진편집 메뉴에서 원하는 사진을 선택하고 [자르기] 메뉴를 클릭하여 사진 중에 원하는 부분만 드래그합니다.

❹ [기본] 메뉴 탭을 클릭한 후에 용량을 확인하고 [저장] 버튼을 클릭합니다.

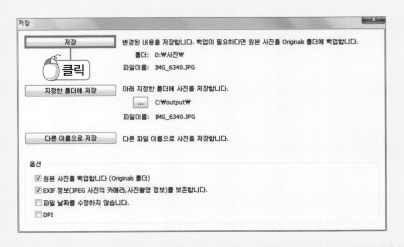

❺ 저장 대화상자에서 [저장] 버튼을 클릭합니다.

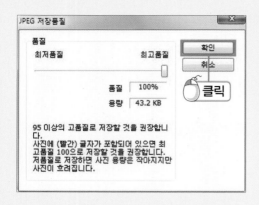

❻ JPEG 저장 품질을 정하는 화면에서 최고품질로 유지하고 [확인] 버튼을 클릭하여 저장을 완료합니다.

프로필이미지로 사용하기
위해 자르기한 사진

❼ 저장 폴더로 이동하여 프로필이미지 저장이 완료된 것을 확인합니다.

❽ 배경이미지를 만들기 위해 포토스케이프에서 배경이미지로 사용할 사진을 선택합니다. 선택한 사진의 크기를 조절하기 위해 크기조절 메뉴를 클릭하고 가로와 세로 크기를 정합니다.

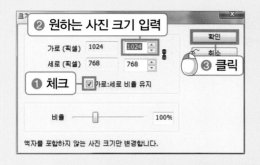

❾ 크기조절 대화상자에서 가로:세로 비율 유지 메뉴에 체크한
후 가로(픽셀): 1024를 입력하고 [확인] 버튼을 클릭합니다.

❿ 프로필이미지 사진과 같은 방법으로 저장합
니다.

06 계속해서 배경이미지를 적용하기 위해 '배경이미지' 항목의 [찾아보기]를 클릭합니다.

07 사진 목록에서 원하는 사진을 선택하고 열기 버튼을 클릭합니다.

08 [배경이미지 변경하기] 버튼을 클릭합니다.

09 트위터의 배경이미지가 변경된 것을 볼 수 있습니다.

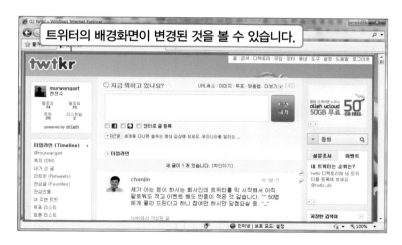

▲ 배경화면을 확대해서 본 결과

트위터 배경 스킨 적용하기

특정한 이미지로 배경을 사용하지 않고 트위터에서 제공하는 스킨으로 배경을 설정할 수 있습니다.

1. 배경이미지 항목 아래 'twtkr 스킨 적용하기' 항목에서 원하는 스킨을 클릭합니다.

2. 화면의 하단에 있는 [twtkr 스킨 변경하기]를 클릭합니다.

3. [홈]을 클릭하여 확인해 보면 트위터 스킨이 적용된 것을 볼 수 있습니다.

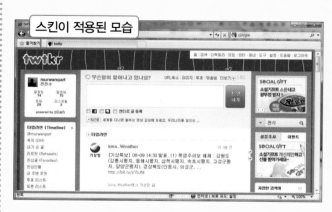

▲ 스킨이 적용된 모습을 확대해서 본 결과

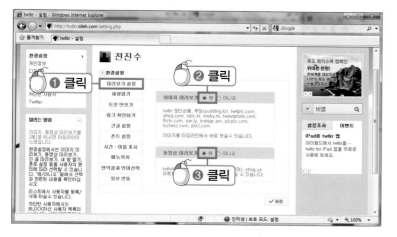

10 이번에는 트위터에 사진이나 동영상을 링크한 경우 미리보기 할 수 있도록 설정하겠습니다. 트위터 환경설정 중에 트위터 [미리보기 설정]을 클릭합니다. 그리고 이미지 미리보기와 동영상 미리보기에서 '예' 항목을 선택합니다.

11 공식 트위터에서는 140자만 쓸 수 있도록 되어 있지만 더 긴 글도 볼 수 있도록 긴글 지원 설정을 해 줍니다. [긴글 설정]-[twtkr로 긴글 쓰기]를 선택하면 됩니다.

그 밖의 환경설정

트위터에서 사용되는 폰트를 설정할 수 있습니다. [폰트 설정] 메뉴에서 항목별로 원하는 폰트를 선택합니다.

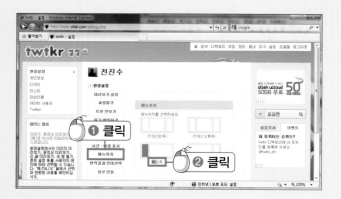

메뉴 위치를 사용자가 원하는 위치로 변경할 수 있습니다. [메뉴위치]에서 원하는 레이아웃을 선택합니다.

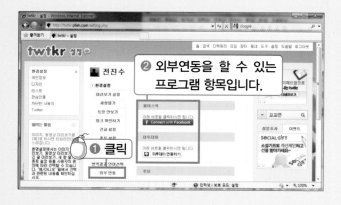

페이스북이나 미투데이처럼 외부 프로그램으로 연동을 할 수 있습니다. [외부 연동] 메뉴를 클릭하고 연동을 원하는 항목을 클릭합니다.

트위터에 이야기하기

트위터를 통해 이야기를 시작해 보겠습니다. 다른 사람을 팔로우하여 다른 사람의 이야기도 듣고 나의 이야기를 쓰는 방법과 입력한 내용을 지우는 방법 등을 실습해 보겠습니다.

01 팔로우하기

다른 사람을 팔로우 한다는 뜻은 다른 사람의 글을 내 타임라인을 통해 구독하겠다는 뜻입니다. 반대로 팔로워는 내 트위터의 글을 다른 사람이 구독하는 것을 말합니다. 내가 관심 있고 좋아하는 사람이 있다면 그 트위터에 방문하여 팔로우 버튼을 클릭해 보세요. 관심 있는 사람의 글을 구독할 수 있습니다.

01 트위터 처음 화면에서 [디렉토리] 메뉴를 클릭합니다.

02 '사람찾기' 입력란에 찾는 사람의 이름을 입력하고 [사람찾기] 버튼을 클릭합니다.

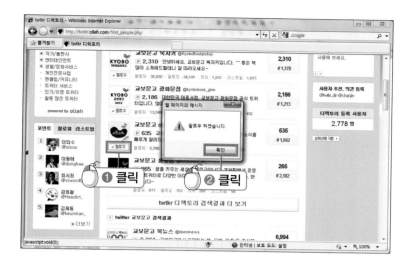

03 검색 결과에서 해당하는 트위터의 사진 밑에 있는 [팔로우] 버튼을 클릭합니다. 팔로우가 완료되었다는 메시지가 나타나면 [확인]을 클릭합니다.

04 팔로잉을 클릭합니다.

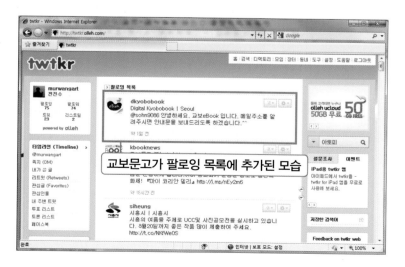

05 팔로잉 목록에 교보문고 트위터가 있는 것을 볼 수 있습니다.

06 팔로잉을 해제하고 싶은 경우는 팔로잉 목록에서 해당 트위터의 프로필 이미지를 클릭하고 [언팔로우]를 클릭합니다.

07 언팔로우된 상태이기 때문에 해당 버튼 위치는 [팔로우하기]로 변경되는 것을 볼 수 있습니다. 만약 다시 팔로우하고 싶다면 [팔로우하기] 버튼을 눌러주면 됩니다.

02 글쓰기와 지우기

트위터는 기본적으로 140자까지 입력이 가능합니다. 그렇지만 환경설정을 통해 더 많은 글을 입력할 수 있습니다. 현재 대부분의 트위터 사용자는 긴 글을 입력하기보다 핸드폰 문자 메시지처럼 짧게 실시간으로 내용을 입력하며 사용합니다.

01 입력창에 하고 싶은 말을 입력하고 [트윗하기] 버튼을 클릭합니다.

내용입력 화면 자세히 알아보기

URL 축소 : 다른 페이지로 링크를 걸거나 동영상 주소 등을 올릴 때 인터넷 주소가 너무 긴 경우 축소할 수 있는 버튼입니다.

이미지 : 글을 입력할 때 이미지를 올리고 싶은 경우 버튼을 클릭하여 이미지를 첨부할 수 있습니다.

투표 : 특정한 주제에 대해 투표를 진행할 수 있습니다.

맞춤법 : 입력창의 내용에서 맞춤법이 틀린 부분이 있는지를 검사해 주는 기능입니다.

02 타임라인 목록에 입력한 글이 올라오는 것을 볼 수 있습니다. 이때 나를 팔로잉하는 사람이 있다면 그 사람들에게도 나의 이야기가 전달됩니다.

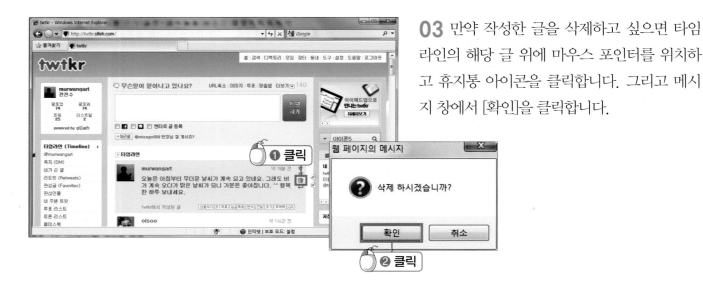

03 만약 작성한 글을 삭제하고 싶으면 타임라인의 해당 글 위에 마우스 포인터를 위치하고 휴지통 아이콘을 클릭합니다. 그리고 메시지 창에서 [확인]을 클릭합니다.

04 작성한 내용이 삭제된 것을 볼 수 있습니다.

트위터를 시작하는 방법

트위터 계정을 만들고 막상 글을 쓰려고 하면 무슨 말을 써야 할지 막막할 수 있습니다. 팔로워도 없는 상태에서 혼자 공허하게 떠드는 것 같기도 하고 말이죠. 트위터가 처음이라면 이렇게 한 번 해보세요. 먼저 내가 관심 있는 분야의 전문가나 유명인 등을 먼저 팔로우하세요. 그리고 그들이 매일 올리는 글을 타임라인에서 읽다 보면 그 사람들이 하는 말에 답장을 하고 싶은 생각이 들 것입니다. 그러면 그들에게 멘션을 보내고, 맞팔된 상태라면 쪽지를 보내면 됩니다. 그렇게 트위터에 익숙해지다 보면 점점 하고 싶은 말이 생기게 되고, 활발하게 트위터를 하실 수 있습니다.

트위터 검색 기능 활용하기

어떤 단어나 주제에 관한 글을 찾아보고 싶으면 [검색] 메뉴를 클릭한 다음 입력창에 해당 검색어를
입력합니다.

❶ 입력창에 '여행'을 입력하면 여행이
라는 단어가 들어간 트윗들이 모두
검색되는 것을 볼 수 있습니다.

❷ 이 외에도 영상과 사진 등을 검색할
수 있으며 특정 연예인 및 장소 등 알
고 싶은 내용에 대해 구체적으로 검
색하면 좋을 정보를 찾아 낼 수 있습
니다.

04 Chapter

트위터
활용하기

트위터에 글만 쓸 수 있는 것이 아니라 사진과 동영상도 함께 올릴 수가 있습니다. 트위터의 다양한 활용 방법을 알아보겠습니다.

01 이미지 올리기

트위터를 사용할 때 140자의 내용만 입력할 수 있는 것이 아니라 사진, 동영상 등을 올릴 수 있습니다. 그렇지만 트위터에 바로 이미지와 동영상을 업로드하는 방법이 아닌 클라이언트 사이트를 활용하여 올려야 합니다.

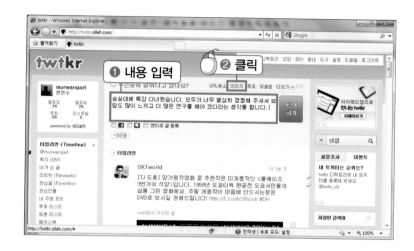

01 트위터의 내용 입력창에 글과 사진을 함께 올리기 위해 먼저 내용을 입력합니다. 그리고 [이미지] 메뉴를 클릭합니다.

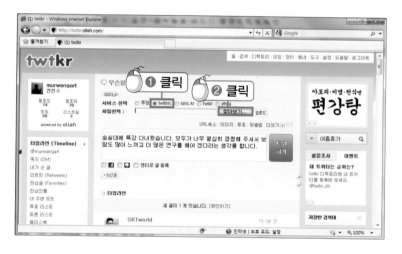

02 'twipic'을 선택하고 사진을 찾아오기 위해 [찾아보기] 버튼을 클릭합니다.

트위터에 이미지를 올릴 때는 트위터에 이미지를 바로 올리는 것이 아니라 해당 서비스를 제공하는 곳을 통해 이미지를 올리게 됩니다. 서비스 항목에 보면 푸딩, twipic, spic.kr, twipl, yfog 등이 있으며, 이 중에 원하는 클라이드를 선택하고 찾아보기를 클릭하여 올립니다.

03 사진을 선택하고 [열기] 버튼을 클릭합니다.

04 [업로드] 버튼을 클릭합니다.

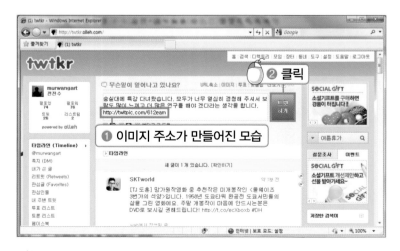

05 이미지 주소가 생성되는 것을 확인하고 [트윗하기] 버튼을 클릭합니다.

글과 사진이 함께 업로드된 모습

06 글과 사진이 함께 올라온 것을 볼 수 있습니다.

02 | 동영상 올리기

트위터에 동영상을 올리는 방법은 twitvid 사이트를 활용하여 직접 파일을 등록하는 방법과 온라인 동영상 사이트 유튜브 등을 활용하여 올리는 방법이 있습니다.

01 트위터에 동영상을 올리기 위해 '유튜브 사이트'에 접속하고 [계정 만들기] 버튼을 클릭합니다.

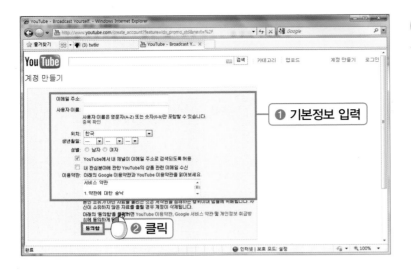

02 기본 정보를 입력하고 [동의함]을 클릭합니다.

03 '아이디'와 '비밀번호'를 입력하고 [로그인]을 클릭합니다.

04 유튜브에서 원하는 동영상을 검색합니다.

> 만약 본인이 올린 동영상을 직접 링크하고 싶다면 유튜브에 로그인하여 해당 동영상을 찾은 다음 따라하기를 진행하면 됩니다.

05 검색결과에서 원하는 영상을 클릭합니다.

06 해당 영상 아래의 [공유] 버튼을 클릭합니다.

07 트위터에 해당하는 주소를 복사하기 위해 [더보기]를 클릭합니다.

보이는 아이콘에는 트위터 아이콘이 없기 때문에 [더보기] 메뉴를 클릭하면 트위터 아이콘이 나옵니다.

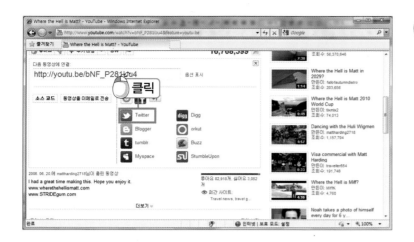

08 트위터를 클릭합니다.

09 동영상 주소를 블록 설정하고 오른쪽 버튼을 클릭한 후에 복사를 클릭합니다.

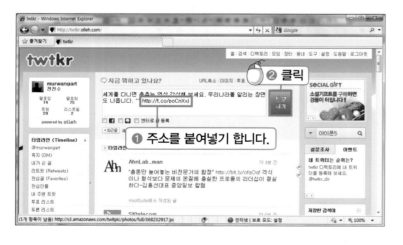

10 내용 입력창에 내용을 입력하고 마우스 오른쪽 버튼을 눌러 [붙여넣기]를 선택하여 복사한 주소를 붙여넣기 합니다. 그리고 [트윗하기]를 클릭합니다.

11 동영상이 등록되는 것을 볼 수 있습니다.

내 컴퓨터에 있는 동영상 올리기

트위터에는 직접 동영상을 올릴 수 없기 때문에 클라이언트 프로그램을 활용해야 합니다. 그중에 많이 사용되는 twitvid 사이트를 활용하면 편리하게 동영상을 올릴 수 있습니다.

❶ 동영상을 올리기 위해 'twitvid' 사이트에 접속합니다. 인터넷 주소 'http://www.twitvid.com/'를 입력하고 홈페이지로 이동합니다.

❷ 로그인 창에서 [Sign in with Twitter] 메뉴를 클릭합니다.

❸ 트위터 계정과 연동하는 창에서 [Authorize app] 버튼을 클릭합니다.

❹ [Upload Video or Photo] 메뉴를 클릭한 후에 동영상을 선택하기 위해 [Choose Video or Photo] 메뉴를 클릭하여 원하는 동영상을 선택하여 열기하면 등록할 수 있습니다.

03 멘션하기

트위터에 불특정 다수를 대상으로 그냥 내가 적고 싶은 말을 쓰는 것이 아니라 누군가에게 할 말이 있다면 '@보내고 싶은 사람 아이디'를 입력하고 내용을 입력하면 됩니다. 이러한 것을 '멘션 (mention)'이라고 합니다.

01 특정 사용자에게만 말하고 싶을 때는 '@'를 입력하고 그 뒤에 그 사람의 아이디를 적습니다. 그리고 내용을 입력한 다음 [트윗하기]를 클릭합니다.

02 타임라인 목록에 입력한 글이 올라가는 것을 볼 수 있습니다.

03 반대로 누군가가 나에게 멘션을 보냈을 수 있습니다. 사이드 메뉴의 [@나의아이디]를 클릭하면 나에게 멘션을 보낸 사람들과 멘션 내용이 보입니다.

04 리트윗하기

리트윗은 다른 사용자의 공감가는 내용을 또 다른 사용자에게 전달하는 기능입니다. 다른 사람의 글을 그대로 리트윗할 수도 있고, 자신의 의견을 첨부하여 함께 올리는 인용하기 기능을 이용할 수도 있습니다.

01 이번에는 나의 타임라인에 올라온 다른 사람의 글을 리트윗해 보겠습니다. 내 타임라인에 올라온 글 중 하나를 클릭하고 를 클릭합니다. 그리고 메시지 창에서 [확인] 버튼을 클릭합니다.

02 리트윗한 내용이 타임라인에 나오는 것을 볼 수 있습니다.

03 이번에는 인용하기 메뉴를 사용해 보겠습니다. 내 타임라인에 올라온 글 중 하나를 클릭하고 오른쪽의 [RT]를 클릭합니다.

04 나의 의견을 함께 추가하고 [트윗하기]를 클릭합니다.

인용한 글에서는 원문을 게재한 사람 아이디 뒤에 ':'가 붙게 됩니다. 따라서 누군가가 인용한 글을 볼 때 '@아이디' 뒤에 ':'가 붙어 있다면 ':' 앞의 아이디를 가진 사람이 원문 작성자임을 알 수 있습니다.

05 타임라인에 내용이 나오는 것을 볼 수 있습니다.

06 이 외에도 서로 팔로우되어 있는 사용자 간에는 쪽지 보내기가 가능합니다. 사이드 메뉴에서 [쪽지]를 클릭하고 받는 사람의 아이디와 내용을 입력한 후에 [트윗하기] 버튼을 클릭하면 원하는 사용자에게 쪽지가 전달됩니다.

Memo

Part 04

페이스북 즐기기

페이스북은 2004년에 하버드대 마크 주커버그가 만든 소셜 네트워크 서비스로, 학교 내 네트워크를 구성하는 것을 목적으로 시작되었습니다. 현재는 전 세계 6억 명 이상 이 사용하는 최대 소셜 네트워크 서비스입니다.

페이스북 시작하기

페이스북을 시작하기 위해서는 페이스북에서 정한 계정 만들기 5단계를 거친 후 메일 인증을 받아야 최종적으로 계정이 생성됩니다. 가입 첫 번째 단계에 있는 메일 주소는 현재 사용하는 메일 주소를 정확히 입력해야 합니다.

01 페이스북 계정 만들기

페이스북을 사용하기 위해서는 페이스북 홈페이지에 접속하여 계정을 만들어야 합니다. 다른 사이트에 비해 훨씬 쉽게 계정을 만들 수 있습니다.

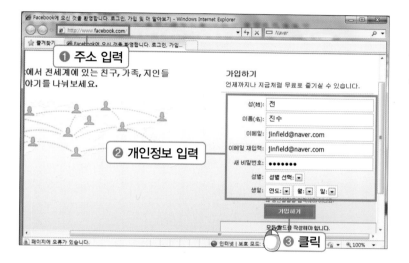

01 페이스북의 계정을 만들기 위해 인터넷 주소 'http://www.facebook.com'를 입력하고 홈페이지에 접속하여 개인정보를 입력한 후에 [가입하기] 버튼을 클릭합니다.

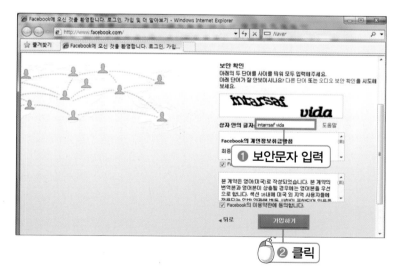

02 보안문자를 입력하고 [가입하기] 버튼을 클릭합니다.

보안문자를 입력하는 것을 많이 불편해 하시는데, 이것은 스팸계정이 마구 생성되는 것을 막기 위한 조치이니 조금 불편하더라도 보안문자를 정확하게 입력해 주도록 합니다.

03 페이스북 계정 만들기 1단계로 이동하면 이메일 주소와 비밀번호를 입력하여 친구찾기를 할 수 있습니다. 이메일 계정을 검색하여 친구를 찾아주는 것입니다. 원하지 않으면 [건너뛰기] 버튼을 클릭하여 다음 단계를 진행합니다.

04 페이스북 계정을 만드는 2단계로 좋아하는 유명 인사, 업체, 브랜드에 관한 관심사를 선택할 수 있는 단계입니다. 원하는 관심사가 있을 경우 선택하고, 없을 경우는 건너뛰기를 합니다. 여기에서는 [건너뛰기]를 클릭하여 다음 단계를 진행합니다.

05 페이스북 계정을 만드는 3단계로 프로필 정보를 입력하는 단계입니다. 개인정보 및 학교 정보를 입력하면 친구 목록에 해당 페이스북 가입자를 추천해 주기도 합니다. 개인정보 입력을 원하지 않을 경우 [건너뛰기] 메뉴를 클릭합니다.

> 페이스북 계정을 만들면서 입력한 개인정보는 나중에 수정할 수 있습니다.

06 페이스북 계정을 만드는 4단계로 프로필을 작성하는 곳입니다. 자신의 프로필 사진을 등록할 경우 [사진 올리기] 메뉴를 클릭하여 사진을 등록하고, 원하지 않는 경우 [건너뛰기] 메뉴를 클릭합니다.

> 현재의 단계에서는 프로필 사진을 등록하지 않아도 됩니다. 계정 만들기를 완료한 후에 프로필 사진 설정을 다시 할 수 있습니다.

07 페이스북 계정을 만드는 마지막 단계인 메일 인증 단계입니다. 화면 상단에 있는 [이메일을 확인] 버튼을 클릭합니다.

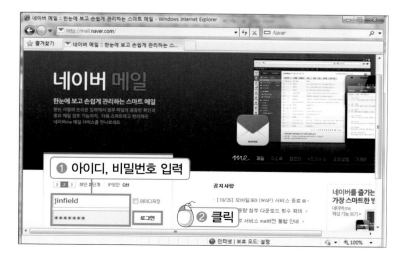

08 해당 메일로 이동이 됩니다. '아이디'와 '비밀번호'를 입력하고 [로그인] 버튼을 클릭합니다.

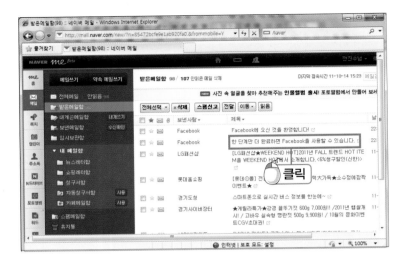

09 메일함의 메일 중에 '한 단계만 더 완료하면 Facebook을 사용할 수 있습니다.'라는 제목을 클릭합니다.

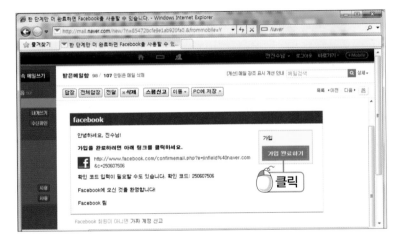

10 메일 내용에 있는 [가입 완료하기] 버튼을 클릭합니다.

11 본인 계정 확인이 성공적으로 이루어진 후에 페이스북 홈페이지로 이동되는 것을 볼 수 있습니다.

02 페이스북 접속하고 친구 추가하기

계정을 만든 후에 페이스북에 접속하는 방법과 친구를 추가하는 방법에 대해 알아보겠습니다. 페이스북에 접속한 후에 친구가 없을 경우 대화가 이루어지지 않기 때문에 페이스북 사용자는 친구를 만드는 것이 필수라고 볼 수 있습니다.

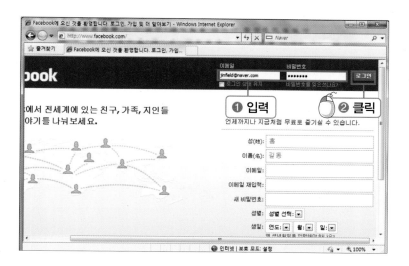

01 페이스북에 접속하여 '이메일 주소'와 '비밀번호'를 입력하고 [로그인] 버튼을 클릭합니다.

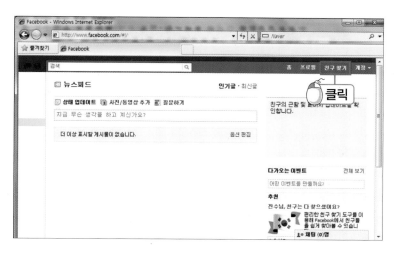

02 페이스북에 로그인했으면 현재 페이스북을 사용하고 있는 친구를 찾기 위해 화면 상단에 있는 [친구찾기] 버튼을 클릭합니다.

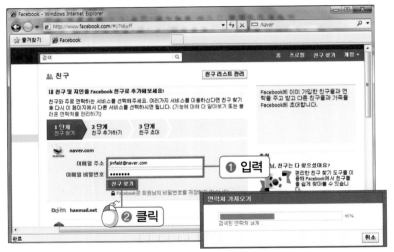

03 이메일 주소와 비밀번호를 입력하고 [친구 찾기] 버튼을 클릭하면 연락처 가져오기가 진행됩니다.

04 친구검색 목록에서 친구로 추가할 대상을 선택한 후에 [친구 추가] 버튼을 클릭합니다.

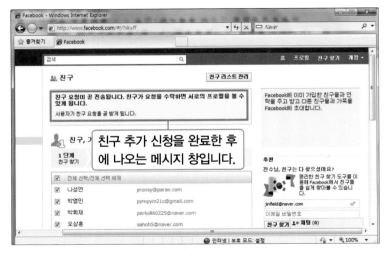

05 추가한 친구에게 친구 추가 요청을 완료하였다는 메시지 창을 볼 수 있습니다.

03 프로필 설정하고 사진 업로드하기

사용자의 프로필을 설정하고 프로필 사진을 업로드하는 방법에 대해 알아보겠습니다. 사용자 정보를 정확히 입력해야 친구를 찾을 수 있습니다.

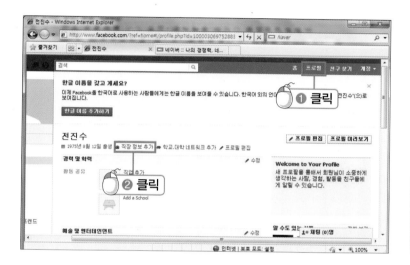

01 화면 상단에 있는 [프로필] 메뉴를 클릭하고 프로필 정보 편집화면 중에 [직장 정보 추가] 버튼을 클릭합니다.

> 페이스북은 친구 찾기 기능이 뛰어난데 그 기능을 최대한 활용하기 위해서는 나를 소개하는 내용인 프로필 정보를 잘 입력해야 합니다.

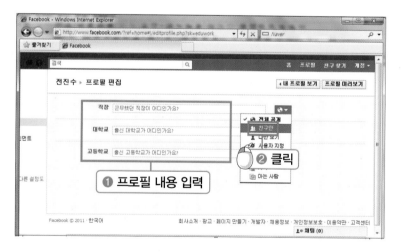

02 직장 정보를 입력하고 입력한 정보에 대한 공개 대상을 설정할 수 있습니다. 공개 대상을 친구만으로 설정합니다.

03 같은 방법으로 다른 프로필도 입력한 후에 프로필 사진을 업로드하기 위해 [사진 업로드] 버튼을 클릭합니다.

04 프로필 사진 올리기 화면에서 [찾아보기] 버튼을 클릭하고 사진을 선택한 후 [열기] 버튼을 클릭합니다.

> 트위터나 페이스북에 등록하는 프로필 사진을 인터넷상에서는 간단히 '플픽'이라고 말하기도 합니다.

05 프로필 사진이 추가된 것을 볼 수 있습니다.

04 페이스북 화면 구성 이해하기

페이스북의 다양한 기능을 제대로 사용하기 위해서는 화면 구성을 이해하고 있어야 합니다.
대표적으로 상단 메뉴 바와 메인 화면으로 구성되어 있고 메인 화면은 좌측 메뉴와 메인 영역, 그리고 우측 메뉴로 구성되어 있습니다.

❶ 상단 메뉴 : 화면의 상단에 있는 메뉴로 회원 인증을 받는 곳입니다. 회원 인증을 받으면 프로필 설정 및 친구 찾기를 설정할 수 있는 곳입니다.

❷ 좌측 메뉴 : 페이스북 화면의 왼쪽에 위치한 메뉴로 프로필 사진 및 페이스북의 각종 메뉴를 포함하고 있습니다.

❸ 메인 영역 : 페이스북의 각 메뉴를 클릭했을 때 메인영역에 해당하는 메뉴의 내용이 나옵니다.

❹ 우측 메뉴 : 페이스북을 사용하는 친구의 목록이 나오거나 검색한 페이스북과 비슷한 페이지를 나열하기도 합니다. 어떤 메뉴를 선택하느냐에 따라 보이는 내용이 다릅니다.

페이스북 활용하기

페이스북을 활용하여 기본 글쓰기와 사진 올리는 방법 등을 알아보고 친구 요청이 왔을 경우 친구를 맺는 방법과 등록한 글을 삭제하거나 상대방의 글에 공감을 표시하는 방법에 대해 알아보겠습니다.

01 글쓰고 사진 올리기

페이스북에 기본 글쓰기 방법과 사진과 함께 글을 올리는 방법에 대해 알아보겠습니다.

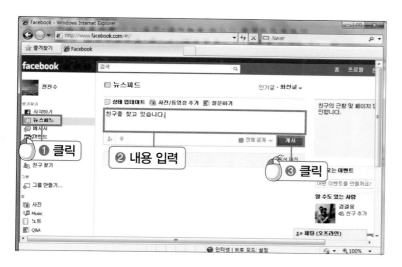

01 페이스북 화면의 왼쪽 메뉴에서 [뉴스피드] 메뉴를 클릭하고 내용을 입력한 후에 [게시] 버튼을 클릭합니다.

> 뉴스피드(News Feed)는 내가 쓴 글과 나의 친구들의 글이 계속 업데이트 되는 곳을 의미합니다.

02 글이 등록되는 것을 볼 수 있습니다. 등록한 글에 대해 공개 대상을 설정할 수 있습니다. 공개 대상을 [친구만]으로 설정합니다.

03 사진을 첨부하여 글을 쓰기 위해 [사진/동영상 추가] 버튼을 클릭합니다.

04 [사진/동영상 업로드] 버튼을 클릭합니다.

05 사진을 찾아오기 위해 [찾아보기] 버튼을 클릭합니다.

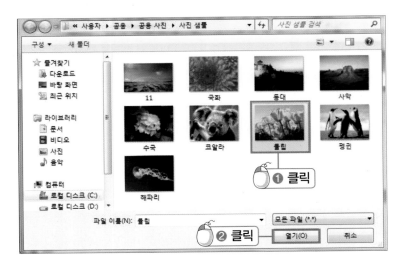

06 원하는 이미지를 선택하고 [열기] 버튼을 클릭합니다.

07 내용을 입력하고 [게시] 버튼을 클릭하여 사진과 함께 글을 등록합니다.

08 사진과 함께 글이 등록된 것을 볼 수 있습니다. 등록된 사진을 클릭하면 크게 볼 수 있습니다.

09 사진이 확대된 것을 볼 수 있습니다. 오른쪽에 있는 [닫기] 단추를 클릭하면 원래 상태로 돌아오는 것을 볼 수 있습니다.

02 등록된 글 삭제하기와 공감 표시하기

페이스북에 등록한 글을 삭제하는 방법과 공감을 표현하는 다양한 방법에 대해 알아보겠습니다.

01 등록한 글을 삭제하기 위해 목록 단추를 클릭한 후에 [글 삭제] 메뉴를 클릭합니다.

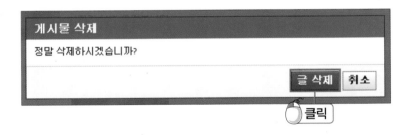

02 게시물 삭제 메시지 창에서 [글 삭제] 버튼을 클릭합니다.

03 글이 삭제된 것을 확인할 수 있습니다.

04 등록된 글에 대해 공감을 표현하기 위해 '좋아요'를 클릭합니다.

05 '회원님이 좋아합니다.'라는 메시지가 보입니다.

06 등록된 글에 대한 댓글을 입력하고 Enter 키를 누르면 댓글이 등록된 것을 볼 수 있습니다.

03 친구 요청 수락하기

다른 사람이 나를 친구 추가한 경우 수락하는 방법과 알 수도 있는 사람 목록에 있는 사람을 친구로 추가하는 방법에 대해 알아보겠습니다.

01 친구 요청이 오면 왼쪽 상단에 친구 요청한 인원이 빨간색으로 표시됩니다.

02 숫자가 표시되어 있는 아이콘을 클릭하여 친구 요청한 사람이 누구인지 볼 수 있습니다. 아는 사람의 경우 [확인] 버튼을 클릭합니다.

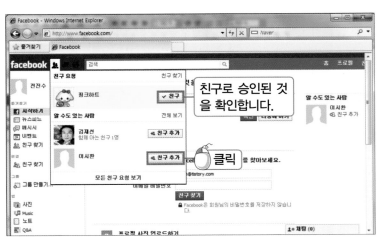

03 친구 추가가 완료된 후에 알 수도 있는 사람 목록에 친구가 있다면 [친구 추가] 버튼을 클릭하여 추가합니다.

04 친구 추가 버튼이 친구 요청 발송 메시지로 변경되는 것을 볼 수 있으며 해당 친구를 어떤 그룹으로 저장할 것인지 묻는 창이 나옵니다. [친한 친구]를 선택합니다.

05 알 수도 있는 사람 항목에 친구 신청한 사람에게 '요청이 전송되었습니다.'라는 메시지가 나오는 것을 볼 수 있습니다.

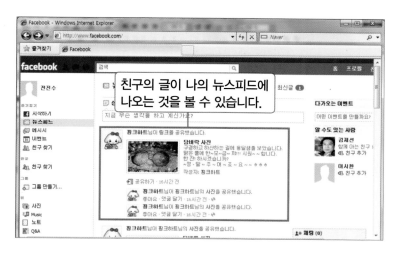

06 뉴스피드 항목을 클릭하면 친구의 글이 나오는 것을 볼 수 있습니다.

04 친구 담벼락에 글쓰기

친구의 페이스북에 방문하여 담벼락에 글쓰기를 할 수 있습니다. 원하는 친구의 페이스북에 방문하여 담벼락에 글 쓰는 방법을 진행해 보겠습니다.

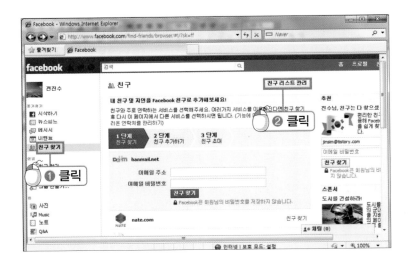

01 페이스북 처음 화면에서 [친구 찾기] 메뉴를 클릭한 후에 [친구 리스트 관리]를 클릭합니다.

02 친구 리스트에 있는 친구의 프로필 이미지를 클릭합니다.

03 친구의 페이스북에 방문할 수 있습니다. 게시물 작성 항목에 내용을 입력하고 [공유하기] 버튼을 클릭합니다.

'담벼락'은 본인이 쓴 글과 다른 사람이 그 사람에게 쓴 글만 올라오는 곳입니다. 담벼락에 올린 글들은 모두 뉴스피드에 나타납니다.

04 내용이 등록된 것을 확인할 수 있습니다. 등록한 내용을 지우고 싶을 경우는 삭제 버튼을 클릭합니다.

05 [게시물 삭제] 창에서 [글 삭제] 버튼을 클릭하면 내용이 삭제됩니다.

05 페이스북 계정 비활성화하기

페이스북을 사용하지 않으려고 할 때 비활성화하는 방법에 대해 알아보겠습니다.

01 페이스북 상단에 있는 [계정] 메뉴를 클릭하고 [계정 설정] 메뉴를 클릭합니다.

02 [보안] 메뉴를 클릭한 후에 [내 계정 비활성화하기] 메뉴를 클릭합니다.

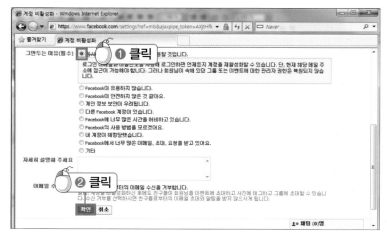

03 비활성화 이유를 선택하고 하단에 있는 [확인] 버튼을 클릭합니다.

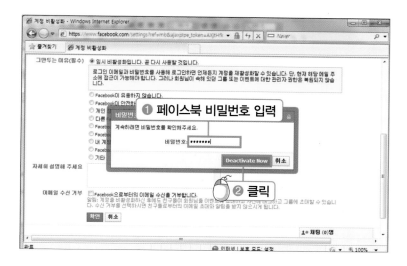

04 페이스북의 비밀번호를 입력하고 [Deactivate Now] 버튼을 클릭합니다.

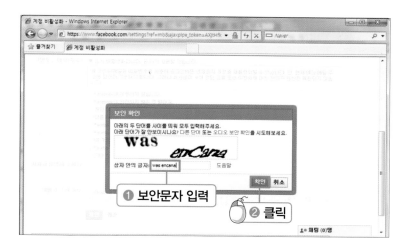

05 보안문자를 입력하고 [확인] 버튼을 클릭합니다.

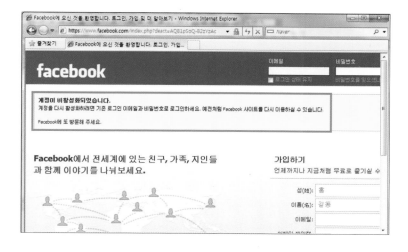

06 비활성화가 완료된 후에 페이스북의 처음 화면으로 돌아오는 것을 볼 수 있습니다.

찾아보기 | Index

어른들을 위한 너무 쉬운
NEW 뉴

블로그+트위터+페이스북